360 Grad Verlag GmbH · 2021
Lindenstraße 23 · D-69181 Leimen
www.360grad-verlag.de
www.facebook.de/360GradVerlag
www.instagram.com/360gradverlag_bestbooks

Text: © Tom Lehel
Illustrationen und Cover: © Thorsten Berger
Umschlag und Satz: Helmut Schaffer, Hofheim a. Ts.
Alle Rechte vorbehalten.

ISBN 978-3-96185-756-2
Gedruckt in Europa

DU DOOF ?!

TOM LEHEL

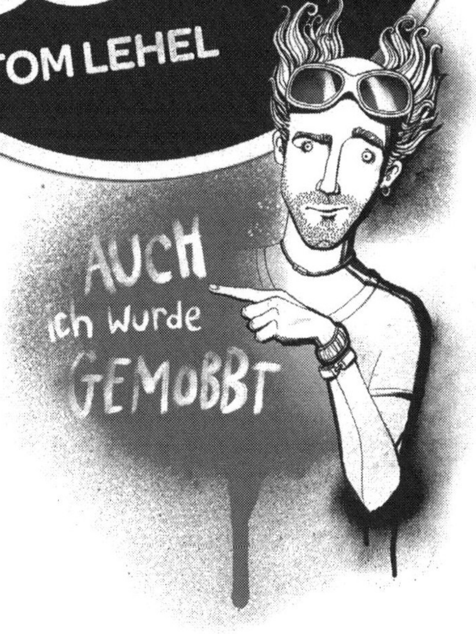

Auch ich wurde gemobbt

Inhalt

Kapitel 1 Chewbacca	7
Kapitel 2 Pausenbrotkiller oder Die Rache der Feuerkugel	25
Kapitel 3 So einer wie Voldemort	39
Kapitel 4 Killerkicker	48
Kapitel 5 Respekt durch einen Trick	68
Kapitel 6 Der Deal	75
Kapitel 7 Eagles gegen Bears	92
Kapitel 8 Moment der Stärke	105
Kapitel 9 Voldemorts Bruder	126
Schluss und Anfang – Mit Herz leben	132
Erste Tipps zum Umgang mit und zur Vorbeugung von Mobbing	148
Was ist wichtig zu wissen bei Mobbing?	150
Was kannst du als Kind tun, wenn du miterlebst, dass ein anderes Kind gemobbt wird?	154
Was können Eltern tun?	156
Was sollten Eltern lassen?	156
Was können Lehrkräfte tun?	157
Für Kinder, die Mobbing erleben und Hilfe brauchen!	159

Kapitel 1
Chewbacca

Ich war sieben Jahre alt und fühlte mich zu dick und zu kräftig. Und ich war recht dick und kräftig. Ich hatte auch einen schiefen Schneidezahn und unglaublich viele Haare auf dem Kopf. Viel zu viele. Modell: **Chewbacca!!!**

Ich fand mich cool. Na ja, andere nicht so. Ich weiß noch: Ich bin aus der Klasse raus, und da standen sie, die Monster, die Zombies, die Voldemorts der Schule, die Herren der vierten Klasse. Jedenfalls waren sie das für mich.

Ich wollte gerade den Gang runter, um aufs Klo zu gehen. Da stellt sich mir einer von denen in den Weg. Er kam mir vor wie ein Riesenaffe. Groß und breitbeinig stand er vor mir. Wie ein

Cowboy im Western. Er roch aus dem Mund. Ich weiß es noch, als ob es gestern erst gewesen wäre. Ich kriegte seinen Atem ins Gesicht, so nah kam er mir. Es roch nach einer Mischung aus Banane und Nutella. Eklig wie Kotze.

„Na, wo willst du denn hin?"
  Bei dem Wort „hin" überkam mich eine galaktische Übelkeit. Allein dieses Wort. „Hin." Das hat bei mir gereicht. Die Grenze meiner

Belastbarkeit war damit durchbrochen. Ich sah nur noch verfaulte Sachen. Ein Feuerwerk von Verfaultem. Ich habe versucht, diesen üblen Hauch durch starkes Pusten in alle Himmelsrichtungen zu zerstreuen. Das war schwer. Aber es funktionierte. Der üble Geruch traf eine Fliege, die im gleichen Moment wie tot sanft zu Boden glitt. Sie war hin.
Auf ihrem Grabstein würde bestimmt so ein Spruch stehen:

Riechst du verfault aus dem Munde, geht selbst 'ne Fliege wie ich zugrunde.

Ich habe dann schnell auf die Frage geantwortet, um zu vermeiden, dass der Kerl vor mir noch mal was fragt. Einen zweiten Hauch hätte ich nicht überlebt, und ich wollte mich nicht übergeben, denn ich hatte mein Lieblingsshirt an. Mein Spiderman-T-Shirt.

„Ich muss was erledigen", sagte ich. Diese Antwort verwirrte den Kerl vor mir irgendwie. Er drehte sich zu den anderen Typen um, die mir auch alle wie Affen vorkamen. „Hey Leute", rief er ihnen zu, „der Pisser hier wird gerade frech."

Die vier Typen kamen dann tatsächlich rüber und stellten sich neben ihn. Jetzt hatte ich eine ganze Horde Gorillas vor mir. Was war das denn?
  „Also, du kleiner Scheißer, wenn du hier durch willst, dann musst du ganz nett darum bitten, ansonsten passiert was", sagte der Oberaffe.

Mir schossen zwei Gedanken durch den Kopf. Erstens: Zum Glück kam in seinem Satz nicht wieder das Wort „hin" vor. Und zweitens: Wenn ich jetzt mache, was der von mir will, dann wird das länger so laufen. Wahrscheinlich für immer und ewig. Was also sollte ich jetzt tun?

Dann hatte ich eine coole Idee und habe Folgendes geantwortet: „Also, unser Lehrer, der Herr Kaiser, und wir, also seine Schüler, also auch ich, also wir arbeiten gerade an einem Projekt. Wir untersuchen das Verhalten der Schüler untereinander. Also, ob sie nett zueinander sind, oder ob jemand geärgert wird. Aus diesem Grund hat Herr Kaiser überall in den Fluren Kameras aufgebaut, die kann man zwar nicht sehen, aber die sind da. Und jetzt, also jetzt hat er mich rausgeschickt, um zu testen, ob die funktionieren. Hey, ihr seid jetzt im Fernsehen. Jetzt seid ihr berühmt!"

Der Planet der Affen vor mir wurde sichtlich nervös. Die schauten wild hin und her, suchten die Kameras und grummelten irgendwas vor sich her. Der Oberaffe war leicht blass geworden. Er drehte seinen hirnlosen Schädel wieder in meine

Richtung und fing an zu ... na ja, nennen wir es mal sprechen. „Hey, das war doch nur Spaß", sagte er. „Wir wollten nix Böses von dir." Die anderen Typen nickten plötzlich zustimmend und gingen langsam zur Seite. Der Weg für mich war frei. Es fehlte nur noch, dass sie sich verbeugten.

Mir war diese geniale Notlüge so selbstbewusst über die Lippen gegangen, dass ich sie fast selber geglaubt habe. Immer wieder musste ich darüber nachdenken, warum mir das so schnell eingefallen war. Ich glaub, die Sache ist klar: Erstens war ich schon damals ein kreativer Geschichtenerzähler, und zweitens war meine Blase in dem Moment wahrscheinlich so voll, dass mein Hirn sich ganz schnell vorm inneren Ertrinken retten wollte.

Jedenfalls hatte ich durch diesen für die Menschheit kleinen, aber für mich großen Erfolg irgendwie Mut gefasst. Es hat mich total bestärkt. Ich musste andauernd auf mein Spiderman-T-Shirt schauen, während ich auf dem Klo saß, und habe gedacht: „Hey, wie wäre es, wenn ich jetzt auch ein Superheld wäre!" Na ja, ich kann natürlich nicht fliegen oder Autos hochheben, aaaaber ich kann laaaabern und ich habe spontane Ideen. Also müsste eigentlich Laberman auf meinem T-Shirt stehen. Mit einem großen „L" als Logo und mit Feuer drum rum. Mit meinem wehenden Umhang würde ich auf dem Schuldach stehen und alle durch mein hammermäßiges Gelaber aus solchen miesen Situationen retten. Laaaaaaber...maaan, der Retter aller Unterdrückten!!!

Jeden Tag nach Schulschluss musste ich mit der Bahn nach Hause fahren. Eine Station vor meiner Schule stiegen Schüler von einer Hauptschule ein. Schüler einer anderen Schule in der gleichen Bahn mit Grundschülern – das ist wie ein Piranhabecken mit einem winzig kleinen verletzten Fisch. Die haben nur auf den Moment der Schwäche gewartet. Die haben das gerochen.

Apropos riechen. Mich hat immer gewundert, wie sich auf dem kurzen Weg von deren Station zu unserer, also in nur 40 Sekunden, das Innere der Bahn in einen großen Waldarm verwandeln kann. Wenn die Türen aufgingen, hätte eigentlich so ein Zischgeräusch ertönen müssen. Als ob ein Monsterwal sich erleichtert und seinen innersten Dampf ablässt. Eine Mischung aus Achselschweiß und Füßen, gepaart mit Rauch und einer Prise Rülps. Genau, die Bahn roch nach einem einzigen, riesigen Walfurz.

Selbst die mitfahrenden Rentner im Innern versuchten, durch die kleinen Kippfenster nach

frischer Luft zu schnappen. Aber das machte nicht viel Sinn, denn dieser Walfurzdampf klebte wie Kleister an den Plastiksitzen. Haste dich einmal draufgesetzt, war der Geruch an dir. Selbst der Altkleidercontainer hätte deine Klamotten wieder ausgespuckt.

Aber da musste man durch. So zwängte ich mich durch die stinkenden Piranhas vorbei an Turnbeuteln in Nasenhöhe. Die waren teilweise noch warm. Die meisten hatten lustige weiße Kreise drauf. Man hätte denken können, dass es ein neuer Trend ist, aber es waren Schweißränder.

Ich versuchte, mich immer an einer Haltestange festzuhalten, denn der Fahrer der Bahn, der immer derselbe war, war bei allen gefürchtet. Er saß entweder stets wie betrunken da oder wollte als Erster mit seiner Bahn die Schallmauer durchbrechen, so schnell fuhr der durch die Kurven. Der dachte wahrscheinlich: Schienen plus Menschen gleich Achterbahn.

Einmal hat er so krass gebremst, dass einer Rentnerin hinten die dritten Zähne rausgeflogen sind. Und das mit so einer Wucht, dass die Eckzähne ihres Gebisses sich in die Plastikverkleidung der Sitze gebohrt hatten. Kommentar eines Schülers: „Boaahhhh, krass Alter, haste das gesehen? Wie ein Wurfstern von 'nem Ninja, hohoho."

Der Fahrer hatte den Spitznamen „Godzilla". Ich war mir sicher, dass er auch am Strom angeschlossen war, so wie die Bahn. Er war mindestens zwei Meter groß und hatte Hände wie

Bratpfannen. Er war der Einzige, vor dem die Schüler Respekt hatten.

Einmal hatte er mit einem Schubs sieben Schüler gleichzeitig wie Kegel aus der Bahn gewuchtet. Er war so in Rage, dass man munkelte, dass er aus Versehen zwei oder drei Rentner mit rausgeschmissen hat. Danach hatte er sich wieder an seinen Platz gesetzt und so laut „Jetzt ist Ruhe hier!" gebrüllt, dass die Scheiben beschlugen und ein Lautsprecher aus der Verankerung sprang. Das hatten sich alle Schüler gemerkt.

An der Haltestange angekommen, war die Gefahr noch nicht so richtig gebannt, denn das Plastik war glitschig wie ein Fisch von den ganzen Körperdämpfen. Festhalten war schwierig.

Neben mir stand Chris, ein kleiner schmächtiger Mitschüler. Wir waren umgeben von den anderen Schülern. Selbst ich konnte seine Angst riechen.

Und dann kam der Moment. Godzilla, also der Bahnfahrer, ging in die Eisen und die Bahn stoppte. Doch das Innere der Bahn, also wir, nicht. Ich hielt mich an der Stange fest, und mit der anderen Hand versuchte ich, Chris' Schulranzen zu packen. Das gelang mir auch, doch unglücklicherweise streifte Chris mit seiner vordersten Haarlocke den Unterarm eines Schulkillers ... äh, Schülers.

Plötzlich herrschte Stille. Langsam drehte sich der von der Haarlocke schwerverletzte Schüler zu mir und Chris um.

„Hey, ihr Opfer, ich mach euch platt!" Der Piranha hat angebissen und ein Piranha kommt selten allein. Chris und ich reichten ihm gerade so an die Brust. Plötzlich schossen fünf bis sechs weitere Piranhas dazu und stellten sich eng um uns herum.

Die Worte „Hey, ihr Opfer, ich mach euch platt" waren wohl so eine Art Kommando. Nach dem Motto: Hier ist Frischfleisch und ich kann endlich wieder meinen Frust loswerden. Ja, all den Frust darüber, dass ich selber eine Null bin und ich kaum Liebe und Anerkennung bekomme. Chris stand vor mir und zitterte am ganzen Körper. Er hatte schon Pipi in den Augen. Ich fühlte mich auch nicht gerade wohl ...

„Ey, du SpongeBob für Arme ...", damit meinte Tarantula wohl Chris. „Und du Mini-Chewbacca." Ah ja, damit meinte er wohl dann mich. „Jetzt habt ihr ein Problem."

Chris zitterte so heftig, dass die Klammer in seiner Klammerbox, die um seinen Hals hing, wild hin und her sprang. Hörte sich an wie 'ne Maus, die in einer Plastikbox kurz vorm Durchdrehen ist. Das fiel selbst dem Spacken vor uns auf.

„Och, jetzt zittern wir schon. Die Klammer kannste deinem Kumpel geben. Erstens wirst du die gleich nicht mehr brauchen, und zweitens hat der Mini-Chewbacca die Klammer mit seinem schiefen Zahn wohl nötiger." Nun war großes überhebliches Gelächter aus dem Piranhaschwarm zu hören.

Irgendwo von hinten kam der nächste Spruch: „Schiefer Zahn vorne, geil Alter, dann kann er die Spinnen aus der Ecke beißen." Und wieder folgte eine Symphonie von lautem Piranhagesabber.

Dann musterte Mr. Präsident des Schulpacks uns von oben bis unten. „Haben eure Eltern keine Kohle? Was sind das denn für Klamotten? Hat Mama die selber genäht?"

Wieder Piranhalachen. Chris war jetzt kurz davor, loszuplärren. Ich war innerlich auf 290 und überlegte blitzschnell, was wir machen konnten. Ich hatte auch weiche Knie, aber wir mussten aus dieser Situation irgendwie raus, und ich konnte Chris nicht im Stich lassen. Prügeln? Auf keinen Fall. Jetzt irgendwas Beleidigendes sagen? Unklug. Also Hilfe holen, irgendwie Hilfe holen.

Und dann machte es boom in meinem Chewbacca-Schädel. Die Lösung ist Godzilla, der Herrscher der Schienen. Klar, vor dem hatten die ja Respekt. Ich nahm all meinen Mut zusammen und schrie: „Hiiiiilfeee Feuer, Hiiiilfeee Feeeueeer!!!!"

Zum Glück waren wir nicht weit von Godzilla entfernt. Alle drehten sich um. Mein Geschrei war so laut, dass ein Mann seine Kopfhörer aus den Ohren nahm und mich anstarrte. Eine Oma zuckte zusammen und brüllte vor Schreck einfach mit.

Der Oberpiranha wollte gerade ausholen und mir oder Chris eine verpassen, da bremste die Bahn voll ab und die Piranhas flogen regelrecht nach hinten. Dann wurde es ruhiger.

Doch nicht lange, denn man hörte aus der Ferne dumpfe schwere Schritte in unsere Richtung kommen. Kurz darauf kam die Frage: „Was ist hier los?" Die Stimme war tief und laut und für mich sooo beruhigend, denn ich wusste: Yeaahhh, Godzilla is in the House!!! Hätte niemals gedacht, mich zu freuen, wenn ein Monster kommt.

Die Piranhas standen etwas weiter von uns weg. Dazwischen jetzt Godzilla, schnaubend. „Jemand hat um Hilfe geschrien, warum?"

Das war mein Einsatz: „Die Typen wollten uns schlagen." Godzilla drehte seinen Kastenkopf zu mir rüber und schaute mich mit seinen blutrot funkelnden Augen an. Dann schaute er langsam zum Schwarm der Verdammten rüber. Ich guckte Chris an und grinste, denn ich ahnte, was jetzt kommt, denn selbst Godzilla begriff recht schnell, worum es hier ging.

Godzilla riss die Tür der Bahn mit einem heftigen Ruck auf. Es zischte. Wir wollen ja den Walfurzgeruch nicht vergessen. Dann hob er seine bratpfannengroßen Pranken, und wie Hulk in seinen besten Jahren schaufelte er den lästigen Piranhaschwarm ins Freie. So ähnlich wie die Szene bei „Free Willy" am Ende, nur nicht so nett.

Da lag nun der Schwarm. Zuckend und mit Schmerz erfüllt. Er lehnte sich noch einmal raus und brüllte: „Bei mir gibt es keinen Ärger in der Bahn, ist das klar?" Dann riss er die Tür wieder zu, stampfte nach vorn in sein Cockpit des Grauens und wir rollten sanft weiter. Bis zur Station, wo Chris und ich raus mussten.

herrschte Stille im Waldarm. Es roch auch nicht mehr so streng, denn der Rausschmiss der Honks hatte genug Luft in die Bahn gelassen.

So, und dann waren wir endlich da. Chris und ich stiegen aus. Als ich an der Tür, die offen stand, an Godzilla vorbeikam, schaute ich ihn an und sagte: „Danke für die Hilfe."

Godzilla drehte seinen riesigen Schädel zu mir rüber und sagte halb schnaubend: „Kein Thema, Kleiner. In Zukunft steigt ihr von der Grundschule vorne bei mir ein und die anderen Schüler hinten, dann kann nix passieren."

Dann schloss sich die Tür und Godzilla rollte mit seinem Walfurzkoloss von dannen. So war es dann auch. Bis zum Ende der Grundschule sind die anderen und ich vorne bei Godzilla eingestiegen. Und es ist nie wieder was passiert. Ich schwöre.

Kapitel 2
Pausenbrotkiller
oder
Die Rache der Feuerkugel

Was lieben die Schüler in der Schule am meisten? Genau, die wohlverdiente große Pause. So schnell, wie wir auf den Schulhof wollten, läuft noch nicht mal ein Zebra vor einem hungrigen Löwen weg.

Ich weiss noch, die Schulklingel in meiner Grundschule war so laut, dass die Lehrer immer zusammenzuckten, wenn sie schrillte. Ein Schreck fast wie in der Geisterbahn, wenn eine gruselige Gestalt plötzlich vor den Wagen springt. Wir Schüler aber hatten eine Vorahnung und rechneten jeden Moment damit.
Das Herz schlug in freudiger Erwartung bis zum Hals, und im Moment des Klingelns machte es einen riesigen Sprung.

Am besten hat unsere Mathelehrerin gezuckt. Sie hätte beim „Supertalent" sofort den „Goldenen Buzzer" verdient für den besten weiblichen Michael-Jackson-Imitator. Für uns Schüler war es die Klingel der Freiheit. Wir zuckten nicht, sondern sprangen wie angestochen auf und verließen den Klassenraum. Nichts hielt uns zurück. Wir quetschten uns durch die Tür und trafen auf die anderen freiheitsliebenden Mitschüler. Wie ein Ameisenhaufen muss das ausgesehen haben. Total chaotisch, doch wenn man genauer hinschaute, total organisiert. Wir rannten einfach raus, ein Strom kleiner Menschen, die schnell auf den Schulhof wollten. Wie Wasser, das über die Bergkante strömt und sich ins Tal ergießt.

Unser Tal war der Schulhof, das Tal der Freiheit. Jeder kannte seinen Lieblingsplatz. Die meisten standen immer an derselben Stelle. Wehe es wäre einmal anders gekommen. Dann hätte es Ärger gegeben.

Auch ich war immer am selben Platz. Direkt hinter einem der kleinen Fußballtore aus Eisen. So hatte ich meine Ruhe und wusste, dass ich hier keinen Ball abbekam. Eisen war stark.

Leider wussten das auch die Quäler aus der vierten Klasse. Sie hatten keinen festen Platz auf dem Hof. Sie schwärmten aus, um sich Opfer zu suchen. Ich hätte mir immer einen anderen Platz suchen können, aber sie hätten mich eh gefunden, also wozu der Stress. Der Stress kam so oder so. Tag für Tag. Durch diese Quäler.

Der Grund, warum sie mich regelmäßig nervten, war einfach. Meine Pausenbrote. Denn meine Brote waren etwas ganz Besonderes. Meine Mutter bereitete sie für mich jeden Morgen liebevoll zu. Heute denke ich, zu liebevoll. Denn jedes einzelne Brot war wie ein Geschmacksfeuerwerk. Eine Komposition aus herzhaftem und süßem Belag, mit Tomaten, Gürkchen und leckerem Aufstrich, den meine Mutter selber gemacht hatte. Sie war die „Queen of Schulbrot".

Schon das Öffnen der Brotdose war eine Sinfonie aus schönsten Gerüchen. Selbst wenn man keinen Hunger hatte, wurde man dabei hungrig. Und so verbreitete sich genau dieser geniale Geruch auf dem Schulhof und lockte die Quäler aus der Vierten an. Die Jungs fanden es entweder uncool, selbst Pausenbrote zu haben, oder die Eltern haben ihnen einfach keine gemacht. Aber sie hatten Hunger. Richtig großen Hunger sogar.

Kaum hatte ich meine Dose geöffnet, standen sie um mich herum. „Na, was haben wir denn diesmal Leckeres auf dem Brot?", fragte der Oberraptor. Einen Lehrer anzusprechen, war für mich jetzt nicht möglich, da keiner von ihnen in der Nähe war. Die interessierten sich wahrscheinlich grad eh nicht für uns Schüler, sie saßen im Lehrerzimmer und kauten ihr eigenes Brot. Laut schreien war auch Unsinn, da auf dem Pausenhof alle so laut waren, dass das niemand hören würde. Also musste ich das Gelaber der Räuber ohne Hilfe ertragen.

Ein Brot hatte ich wie immer im Ranzen gelassen, damit ich wenigstens auf dem Nach-

hauseweg eins hatte. Blieben also noch drei Hälften übrig. Die waren immer schnell weg. Denn die drei Jungs, diese hungrigen Raptoren, griffen ohne mit der Wimper zu zucken in meine Dose, nahmen sich die Brote und bissen sofort hinein. So ging das nun schon über Wochen. Meiner Mutter hab ich es nicht erzählt. Ich wollte sie nicht traurig machen.

Doch mir ging das echt auf den Zeiger, und was noch viel schlimmer war, ich hatte selbst Hunger. Meine Mutter hatte sich schon gewundert, dass ich nach Hause kam und hungrig war, obwohl meine Brote aufgegessen waren. Ich hatte tatsächlich Hunger wie ein Erwachsener. Doch ich hatte ja nur eine Brothälfte von vier abbekommen. Von morgens bis mittags reichte das eben nicht. Und übrigens, die Raptoren hatten ja nicht nur meine Brote verschlungen. Es gab noch andere Opfer, und auch die sagten nichts zu Hause.

Als ich eines Tages wie jeden Tag wieder hungrig nach Hause kam, kochte meine Mutter ihre hyper-mega-leckere Gulaschsuppe in einem großen Topf. Sie und mein Vater kamen aus Ungarn, und Gulaschsuppe ist in Ungarn das Nationalgericht. Mit Gulasch kochen wächst man da auf. Meine Mutter konnte Gulaschsuppe perfekt. Viele denken, die Ungarn kochen ultrascharf. Das können sie auch, aber die Gerichte sind eher herzhaft und süßlich und jeder entscheidet selber, ob er scharf nachwürzen möchte.

Mama erklärte mir an diesem Tag, dass abends Freunde zum Essen kommen würden und sie deshalb die Suppe kochte. Für mich gab es extra Nudeln. Essen war für meine Eltern sehr wichtig. Jedenfalls saß ich in der Küche und sah, wie meine Mutter alle möglichen Gewürze ausprobierte.

Ich entdeckte auf der Arbeitsplatte ganz komische, so dunkelrote, kugelförmige Bällchen. Sie sahen fast wie Kastanien aus, ein wenig ausgetrocknet und schrumpelig. So ähnlich wie die Finger, wenn man zu lange in der Wanne gesessen hatte.

Als ich gerade eine der schrumpeligen Kugeln in die Hand nehmen wollte, machte meine Mutter einen Strecksprung quer durch die Küche und patschte auf meine Hand. „Um Gottes willen", sagte sie, „fass diese Dinger bitte nicht an! Das ist die schärfste Paprika überhaupt, die in Ungarn verwendet wird."

Ich riss meine Hand sofort zurück und schaute meine Mutter fragend an. Ich wollte wissen, was sie damit vorhatte. Sie erklärte mir, dass unter ihren Freunden einer sei, der gerne sehr scharf isst, und für den wollte sie die feurige Paprika in die Suppe schnippeln. Es würde keinen umbringen, meinte sie, es gäbe auch keine Folgeschäden, aber es sei eben scharf, sehr scharf. Nur, wenn man es nicht gewohnt sei, dann würde es im Mund wie Hölle brennen.

Ich dachte über die Sache nach, und als ich am nächsten Morgen wach wurde, wusste ich, dass ich meine Idee in die Tat umsetzen würde. Ich sprang in die Klamotten und lief in die Küche. Dort standen schon wie immer meine Brotbox mit den vier Brothälften und mein Orangensaft. Ich schaute mich in der Küche um. Meine Mutter war im Bad und mein Vater auf dem Klo. Ich dachte: Jetzt oder nie. Ich suchte nach den schrumpeligen scharfen Paprika. Vielleicht hatte der Freund meiner Eltern ja nicht alle weggeputzt. Tatsächlich entdeckte ich zwei im Schrank. Ich knackte die eine auf, es war eine Kirschpaprika, so heißen diese Feuerkugeln. Und dann streute ich den pulverigen Inhalt auf drei meiner

Brote in der Box und versteckte das vierte im Ranzen, damit ich es auf dem Weg aus der Schule nach Hause später selbst essen konnte.

Ab ging's in die Schule. Glaubt mir, schon lange habe ich mich nicht so sehr auf die Schule gefreut.

Wie üblich schepperte die Pausenklingel. Unsere Mathelehrerin, die auch unsere Klassenlehrerin war, zuckte wie üblich kurz zusammen, und wir sprangen alle auf und strömten Richtung Schulhof. Ich setzte mich auf meine gewohnte Stelle hinter dem kleinen Tor. Diesmal war ich echt ungeduldig und hoffte, die verfressenen Raptoren, diese Viertklässler-Quäler, würden schnell kommen.

Ich musste nicht lange warten. Wie üblich kamen sie über den Hof und suchten nach ihrer gewohnten Beute. Ich öffnete meine Brotdose und tat so, als würde ich in mein Brot beißen. Da war er schon, der Satz der Sätze: „Na, was haben wir denn heute Leckeres?"

Ich antwortete: „Ich muss euch warnen, ist diesmal echt scharf, und für jemanden, der es nicht gewohnt ist, kann es weh tun." Die Raptoren schauten sich gegenseitig an und begannen, zu lachen. Der Oberraptor ging in die Hocke und sah mir in die Augen: „So eine blöde Ausrede habe ich ja noch nie gehört." Er griff in die Dose und nahm alle drei Brote raus. Zwei gab er seinen Kumpanen, eins behielt er selbst.

Was dann kam, war auch für mich neu. Es war unglaublich. Das müsst ihr euch mal vorstellen. Habt ihr schon mal einen Raptoren wild schnaubend, wie Rumpelstilzchen tanzend, laut furzend, sich den Hals würgend, schreiend mit raushängender Zunge, heulend, sich vor Schmerz auf dem Boden wälzend auf einem Schulhof gesehen? Nein? Ich habe gleich drei solche Raptoren gleichzeitig gesehen.

Dann wurde es plötzlich still auf dem Schulhof. Alle beobachteten die drei aus der Vierten, als wären sie von einem anderen Stern. Sie schrien komisches Zeug, da ihre Zungen angeschwollen waren. Sie liefen panisch über den Schulhof und waren plötzlich verschwunden. Ich glaube, aufs Klo.

Nach der Schule wurde ich zum Rektor gerufen. Die drei Fressmaschinen mussten nach der Schule nach Hause, da die Schärfe in ihrem Mund nicht nachließ und ihnen übel war, richtig schlecht. Mir war auch komisch, denn der Direktor fragte, ob ich den dreien aus der Vierten mit Absicht so scharfe Sachen aufs Brot gemacht hätte? Klar, das hatten sie gepetzt, aber das war ja gelogen.

Ich konnte also dem Rektor meine Version erzählen, die glaubhafter und wahr war. Ich erzählte, dass mir die drei meine Brote weggenommen haben und dass ich sie vorher sogar noch gewarnt habe. Ich sei Ungar und bei uns zu Hause werde eben scharf gegessen, ich vertrage die Schärfe. Dann nahm ich meine vierte, die übrig gebliebene Brothälfte aus meinem Ranzen, und biss vor dem Rektor kräftig rein. Ich kaute genüsslich, und er staunte nicht schlecht, als er sah, dass dies bei mir keine Reaktion, noch nicht mal ein kleines Augenzwinkern hervorrief.

Was er nicht wusste: Die vierte Brothälfte war ja nicht mit Schärfe überzogen.
Mit einem entspannten Grinsen habe ich dann das Büro des Rektors verlassen.

Am nächsten Morgen sprach er mit den drei Broteintreibern und erzählte ihnen von meinem Schärfeempfinden, und wahrscheinlich riet er ihnen, die Finger von meinem Frühstück zu lassen. Jedenfalls haben die Quäler nie wieder eines meiner Brote gewollt. Die Sache war ihnen dann wohl doch zu heiß ... äh ... zu scharf.

Kapitel 3
So einer wie Voldemort

Als ich in die weiterführende Schule kam, in die 5. Klasse, hatte ich einen schweren Unfall und meine rechte Hand wurde fast komplett abgerissen. Ich sah ohnehin schon aus wie Chewbacca, und nun hatte ich auch nur noch einen funktionierenden Arm. Toll!!!

Da ich bis zur 9. Klasse einen festen Gips am rechten Arm hatte, konnte ich keinen Sport machen und wurde immer dicker. Typ Qualle! Wegen dem Gips konnte ich auch keine coolen

Klamotten tragen, denn der rechte Ärmel von den Klamotten musste aufgeschnitten werden, da ich sonst nicht reingepasst hätte. Mit teuren und coolen Klamotten macht man das ja nicht.

Auch meine Schuhe waren nicht die coolsten, denn ich konnte ja mit einer Hand keine Schnürsenkel binden. Bis ich das geschafft hätte, wäre die Schule vorbei gewesen. Alle hätten Abi gehabt und ich zugebundene Schuhe. Juhu!!!

Also bekam ich entweder Schuhe ohne Schnürsenkel, die fast so aussahen wie Flossen, oder mit Klettverschluss, die immer scheiße aussahen, da es damals keine coolen Marken gab, die die hergestellt haben. Die Hosen waren auch der Brüller. Immer ohne Knöpfe. Jogginghosen. Damals waren Jogginghosen nicht so cool wie heute.

Und dann mach mal Pipi mit nur einer Hand. Fassen wir zusammen: Wuschelhaare wie gerade aufgestanden, da Haarkämmen mit einer Hand schlecht ging. Ein schiefer Frontzahn, nur ein

Arm, Klamotten, die keiner haben wollte, und fett – das perfekte Opfer.

Ein Schulranzen oder Rucksack ging auch nicht, da ich mit dem rechten Arm nicht durch die Schnalle gepasst habe und die Gefahr, dass ich mit der Hand hängenbleibe, zu groß war. Also hatte ich einen Aktenkoffer. Ich sah aus wie ein Vertreter des Grauens, der garantiert kaputte Staubsauger verkauft.

Kaum morgens in der Schule angekommen, ging es los. Wie Bakterien lauerten sie um einen herum und hielten beim Tuscheln noch die Hand vor den Mund. Alter, hatten die sich nicht die Zähne geputzt? Selbst ich konnte das mit einer Hand.

Irgendeiner hatte dann in der Schule das Gerücht verbreitet, meine Eltern wären total arm, deshalb würde ich in diesen Klamotten rumlaufen. Dass mein Vater als Apotheker einen Jahresumsatz von über einer Million hatte, war wohl nicht angekommen. Hätte mir ja eh keiner geglaubt. War mir auch egal, denn Geld und das ganze blöde Posinggehabe waren mir eh schnuppe. Für mich zählte das Menschliche. Klamotten und wie viel Kohle man hatte, war mir völlig egal. Hauptsache die Leute waren nett und respektvoll.

Leider war das bei ein paar Schülern meiner Klasse nicht so. Für die war das Wichtigste, wie ich aussehe. Mit meinen Schuhen, meinen Klamotten und wie ich aussah, war ich für die wie ein Alien. Die Reaktion war vergleichbar mit Darth Vader, der auf SpongeBob trifft.

Ich wurde jeden Tag von oben bis unten gemustert wie bei einer schlechten Castingshow. Alle waren in der Jury und ich das Talent, was schlecht aussah, aber mit einer Hand pinkeln konnte.

Als ob das nicht gereicht hätte, flogen ständig Papierschnipsel in meine Haare. Ich sah nach dem Matheunterricht aus wie ein Plastikweihnachtsbaum, der mit künstlichem Schnee besprüht worden war. Nach dem Sport hing meine Hose entweder an der Dachrinne der Sporthalle oder verstopfte das Mädchenklo, sodass ich in Unterhose in die Mädchenkabine musste. Natürlich erst dann, wenn alle Mädels raus waren, und so kam ich zum nächsten Unterricht immer zu spät. Ich habe dem Lehrer aber nix gesagt. Hätte ich peinlich gefunden und feige. Und genau dieser Lehrer sollte der Grund sein, warum ich in der 8. Klasse ins Internat kam. Dieser Mann war Voldemort.

Als ich die Harry-Potter-Filme später gesehen habe, wusste ich, dass dieser Lehrer Voldemort in Person war. Er sah sogar ein bisschen aus wie Voldemort. Er hatte auch diesen rausziehbaren Kugelschreiber, mit dem er immer zur Tafel zeigte, weil er zu faul war, aufzustehen. Jetzt weiß ich, es war sein Zauberstab oder so.

Meine Eltern kamen aus Ungarn. Sie flohen 1956 und kamen nach Deutschland. Hier eröffneten sie eine Apotheke, auch um mir und meinem jüngeren Bruder Tim ein schöneres Leben zu ermöglichen. Das haben sie auch geschafft. Sie haben uns mit Liebe und positiven Werten überhäuft. Unser Konto der Liebe war immer voll.

Aus diesem Grund kann ich bis heute und noch viele Jahre weiter sehr viel davon abgeben. Diese Liebe meiner Eltern hat mich geschützt, sie war wie ein Schutzwall gegen das Schlechte. Natürlich war ich verletzt und sehr traurig, wenn mir was Schlechtes passiert ist, aber diese Liebe hat alles Negative aufgelöst, wie Brausepulver in einem Glas Wasser.

Hört sich soweit alles super an, aber es kam die Zeit mit diesem Voldemort-Lehrer, der nicht nur mich, sondern auch meine Eltern im Visier hatte. Er wollte nur eines: uns schaden, alles durcheinanderbringen, die Liebe in uns zerstören. Uns einfach nicht gönnen, was er nicht hatte: Liebe.

Er war Deutscher und verheiratet mit einer ungarischen Dame, wie sich später herausstellte. Er hatte scheinbar nicht das bekommen, was er sich sehnlichst gewünscht hatte: Anerkennung, Respekt und Liebe. Denn sie hatte ihn wegen einem anderen verlassen. Ich glaube, dass er einfach aus diesem Grund einen Hass auf Ungarn hatte. Und ich war nun mal Ungar.

Von der ersten Schulstunde an, als er meinen Nachnamen erfuhr, Lehel, hatte er mich im Visier. Er wusste, dass ich eigentlich schüchtern war und eher unsicher. Er brachte Sprüche im

Unterricht vor allen anderen Schülern wie: „Deine Eltern haben doch Geld oder? Dann können sie dir doch bestimmt einen Nachhilfelehrer bezahlen." Oder: „Ach Tom, ich würde dir gerne eine 6 geben und am besten eine 7, denn 7 und 6 ergeben 13, und die erreichst du an dieser Schule nie."

Er hat gar nicht zugelassen, dass ich mich hätte steigern können. Er lud meine Mutter zum Gespräch vor und verunsicherte sie so sehr, dass auch bei uns der Haussegen schief stand. Meine Eltern fingen an, sich Gedanken zu machen, und so langsam löste sich unser Nest der Liebe in Unsicherheit und Misstrauen auf.

Dieser Voldemort hatte es geschafft, in mein Privatestes vorzudringen. Er fing an, im Lehrerkollegium Lügen über meine Familie zu verbreiten. Er hatte bei meinen Eltern in der Apotheke Medikamente bestellt und nicht bezahlt. Mein Vater wollte aber nichts sagen, da er dachte, es wäre besser für mich. Es war furchtbar und es wurde immer schlimmer. Und dann machten meine Eltern, was meiner Meinung nach das Schlechteste war. Sie schickten mich auf Empfehlung dieses Lehrers in ein Internat. Ich verlor meine Freunde, ich verlor mein Nest.

Kapitel 4
Killerkicker

Ich war 13 Jahre alt. Hatte ich nicht schon genug Mist hinter mir? Dieser blöde Unfall mit meiner rechten Hand hatte doch gereicht. Ich konnte immer noch nix mit meiner rechten Hand machen und jetzt auch noch in eine knastähnliche Schule abgeschoben werden. Tolle Aussichten waren das.

Dieses Internat existiert heute gar nicht mehr. So viel schlechte Dinge sind dort abgelaufen. Ich kam am Wochenende immer nach Hause und erzählte meinen Eltern, wie furchtbar es war, aber sie glaubten mir nicht. Ich hatte richtig Angst, als mein Vater mich sonntagabends zurückfuhr. Wütend saß ich neben ihm im Auto. Wütend über die Tatsache, dass mir keiner glaubt, wenn ich zum Beispiel erzähle, dass ich zum kalten Duschen gezwungen wurde. Immer die gleichen Antworten: „Na ja, das glaub ich jetzt nicht" oder „Ja, unser Sohn neigt zu

Übertreibungen". Aber so war das leider doch.

Ich weiß noch, wie wir beim Kicker im Internatskeller waren. Ein Raum bestehend aus einer Holzbank, die an der kompletten Wand entlang lief. Ein Türrahmen ohne Tür. Ein hässlicher grüner Boden. Zwei Fenster oben an der Wand, sodass man nicht dran kam, und Gitter davor.

In der Mitte des Raumes stand ein Kicker. Er wurde zelebriert wie ein echtes Fußballfeld. Es war das Stadion im Internat. Wer gut darin war, hatte ein hohes Ansehen. Für mich keine Chance, denn ich hatte nun mal nur eine Hand, und kickern mit einer Hand ist wie Suppe essen ohne Löffel.

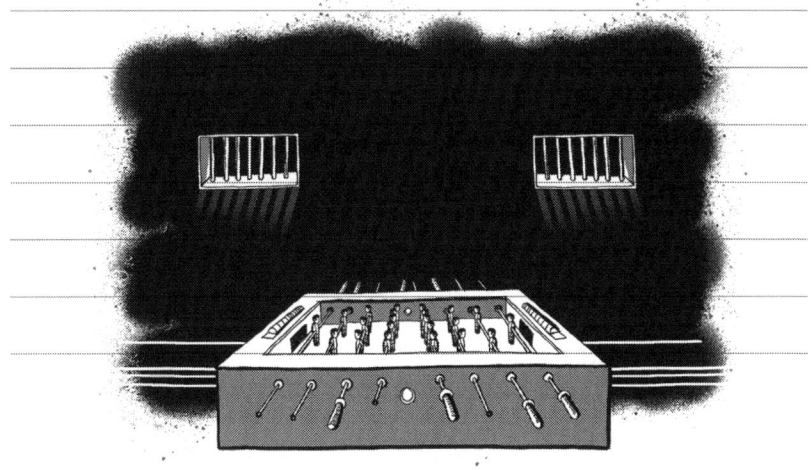

Ich kam am ersten Tag in diesen Raum. Da saßen sie, die Raubtiere, und warteten auf Frischfleisch. Ich war das perfekte Opfer, wie ein Stück gebratenes Steak. Ich setzte mich sofort rechts an die Ecke der Holzbank, um nicht so aufzufallen. Zwei Sekunden später stand ein Kerl bedrohlich nah vor mir. Ich schaute ihm genau auf die hässliche Gürtelschnalle mit der Aufschrift: „AC/DC". „Schau mich mal an, Scheißerchen", war der erste Satz, den dieser mir unbekannte, nach Schweiß riechende Typ zuwarf.

Ich schaute ängstlich langsam an ihm hoch, und mit jedem Zentimeter wurde mir klarer, was kommen würde. Kraft geballt mit unglaublich viel Dummheit. Am Gesicht angekommen das Ergebnis: hässlich und eine Frisur wie Atze Schröder, nur das Doppelte davon.

Dann kam der nächste Satz: „Weißt du, Scheißerchen, wer hier das Sagen hat?" Ich schaute mich um, um die Antwort vielleicht von den anderen Anwesenden zu bekommen. Doch die schauten alle in andere Richtungen. Sekunden später fühlte ich eine Faust an meiner rechten Gesichtshälfte. Es war, als hätte mich der Blitz getroffen, ein Auto angefahren und mich gegen eine Wand geschleudert. Mir wurde schwarz vor Augen.

Als ich wieder wach wurde, lehnte diese abartige Person über mir und sagte mir leise ins Ohr, was ich schon vorher ahnte: „Ich, Scheißerchen. Merk dir, Kuropatwa ist der Chef." Ich verkroch mich unter die Bank und heulte leise in mich hinein. Dann spürte ich seinen stinkenden Turnschuh im

Bauch. Ein Tritt, wie Lukas Podolski ihn nicht besser hätte ausführen können. Dann ging er.

Nach einer Weile traute ich mich wieder raus. Der Raum war endlich leer. Nur der Kicker und ich und dieser Zigarettengeruch. Ich stand auf, und aus meinen Haaren fiel kalte Asche. Dieser Typ hatte auf meinen Kopf geascht. Und ausgerechnet dieser Typ saß bei jedem Essen im Speisesaal am Kopfende unseres Tisches. Bei den jüngeren Mitschülern saß immer ein älterer mit am Tisch.

Zum Kotzen, kann ich nur sagen. Damit meine ich auch das Essen. Widerlich und schlecht. Einmal im Monat kam das Gesundheitsamt, und dann gab es plötzlich genießbares Zeug.

Ich musste natürlich alles am Tisch machen: Kuropatwa bedienen und mir seine Sprüche anhören. Er hat mich vor den anderen immer bloßgestellt. „Hey Krüppelchen, warum nur einen Teller abgeräumt?" Und dann folgte sein schallendes, dreckiges Lachen. Sein Lieblingsspruch war: „Lieber arm dran, als Arm ab, aber für dich gilt ja beides."

Ich lag oft in meinem Bett und habe einfach nur geheult. Ich habe sogar daran gedacht, meine kaputte Hand noch kaputter zu machen.

Ich hatte einfach schreckliche Wut in mir. Eines Tages kam er in mein Zimmer gestürmt und hat mich einfach in den Schrank gesperrt. Er nannte ihn den Krüppelkäfig. Ich hätte zu den Erziehern gehen können, aber das hätte es nur schlimmer gemacht. Irgendwann hatte ich aufgegeben und es ertragen. Ich hatte keine Chance.

Der Tag kam, an dem verkündet wurde, dass in drei Monaten das alljährliche Kickerturnier stattfinden soll, ähnlich gefeiert wie das Quidditch-Turnier bei Harry Potter. Es wurde immer als Doppel gespielt, also zwei gegen zwei. Ich habe angefangen, rumzuspinnen. Wie wäre es, wenn ich Kuropatwa und seinen Partner im Kicker schlagen würde? Sie waren die Champs. Ich würde beweisen, dass ich es auch mit einer Hand kann, und vielleicht würde er mich dann respektieren. Es wäre die einzige Möglichkeit, denn körperlich hatte ich gegen Kuro keine Chance.

Also suchte ich mir einen Partner. Ich fragte vorsichtig rum. Jeder lehnte ab, denn sie hatten entweder Angst vor Kuro oder dachten, sie hätten eh keine Chance. Doch dann kam Rami zu mir ins Zimmer. Ein dicker Iraner. Er sprach nicht so gut Deutsch und hatte keinen Freund, ähnlich wie ich. Er hatte von meiner wahnsinnigen Idee gehört. Rami war der typische Physiktyp. Eher unsportlich, aber pure Muskelkraft im Hirn. Er hatte mit einfacher Mathematik berechnet, wie hoch die Chance für mich wäre, zu gewinnen.

So ein Kicker hat auf jeder Seite vier Griffe. Zwei für den Angriff und zwei für die Verteidigung. Jeder Spieler bedient zwei Griffe. Ich sollte mit einer Hand in die Verteidigung. Das heißt, ich soll in der Abwehr schnell zwischen den Griffen wechseln. Die Verteidigerlinie konnte auch schon aufs Tor schießen. Also musste ich den Wechsel üben. Der musste so schnell sein, als würde ich mit zwei Händen spielen. Nur so hätte ich eine Chance.

Das Training begann. Rami und ich schlichen uns nachts zum Kicker und lehnten eine alte Matratze, die wir besorgt hatten, in den Türrahmen. Wir quetschten die Matratze so rein, dass man uns nicht hören konnte. So ging das über Wochen jede Nacht.

Mein linker Unterarm wurde mit der Zeit hart wie Beton. Meine Sehnen hätten wohl am liebsten meinen Körper verlassen. Es tat so höllisch weh, aber ich gab nicht auf. Ich wurde immer besser und schneller. Ich war im Kickerrausch.

Meine Noten wurden immer schlechter, aber das war mir egal. Das konnte ich wieder aufholen, aber das Turnier und mir Respekt zu erspielen, war wichtiger.

Wenn ich zu Hause bei meinen Eltern war, übte ich den Drehschlag mit dem Türknopf an der Eingangstür. Gute Qualität war es wohl nicht, denn der Türknopf sagte nach einem halben Tag auf Wiedersehen. Einen Kickerclub oder sowas gab's, wo ich wohnte, leider nicht. Also musste ich mit den verrücktesten Dingen üben.

Ich befahl meinem kleinen Bruder Tim, zwei Stöcke zu halten, die ich im Wechsel schnell drehen konnte. Das ging zehn Minuten gut, dann konnte er nicht mehr. Er war ja auch erst drei Jahre alt.
Also musste wieder was anderes her. Ich besorgte Besenstiele und klemmte sie in den Heizkörper meines Zimmers. Das klackte immer sehr laut, aber es ging. Doch unser Nachbar

klingelte und beschwerte sich bei meinen Eltern, aber die wussten von nix. Es war für sie ein Rätsel, woher die Geräusche kamen. Ich habe mir gedacht, dass das die Retourkutsche dafür ist, dass sie mich ins Internat gesteckt hatten. Also kein schlechtes Gewissen.

Der Tag des Turnieres kam immer näher. Mein Arm war stark, und die erste Stufe war damit geschafft. Ich war blitzschnell im Wechsel. Wie ein Profiboxer. Doch Rami hatte recht, wenn er meinte, ich müsste es jetzt mal mit Gegnern aufnehmen. Also stand Rami vorne im Angriff. Auch er hatte geübt.

Wir verabredeten uns mit zwei Jungs, die gegen uns spielten. Sie waren aus Ramis Klasse. Auch zwei Mathefreaks, zwei Brüder. Sie hießen Markus und Stoffi. Stoffi, weil er heimlich mit einem Stofftier schlief.

Wir erzählten den beiden, was wir vorhatten. Auch sie waren natürlich Opfer von Kuropatwa. Jetzt wurden ihre Nächte auch länger. Wie spielten, bis wir vor Müdigkeit fast umfielen. Es wurde aber Nacht für Nacht besser.

Im Musikunterricht hat Rami so laut geschnarcht, dass er das Klavierspiel des Lehrers übertönte. Er bekam sofort einen Klassenbucheintrag. Das passierte uns öfter, und wir mussten uns etwas einfallen lassen, wie wir wach bleiben konnten. Kaffee brauchten wir, aber ich hasse ihn. Diesen Geschmack finde ich furchtbar. Bin wohl der Einzige auf der Welt. Aber wir mussten was tun, damit wir nicht auffielen. So besorgte Rami nachts aus der Internatsküche ein paar Tüten Kaffee. Markus und Stoffi klauten eine Kaffeemaschine von zu Hause. So kochten wir im Schrank in meinem Zimmer heimlich Kaffee.

Wir hatten echt Glück, dass wir nicht auffielen, denn in meinem Zimmer roch es wie in einem Café. Da wir aber alle 13 Jahre alt waren und eigentlich gar keinen Kaffee tranken, kannten wir natürlich auch nicht die Folgen von zu hohem Kaffeegenuss. Rami bekam Zuckungen. Ich bekam so feuchte Hände, dass ich die Griffe nicht mehr drehen konnte. Die zwei Brüder bekamen eine Panikattacke, weil ihre Herzen pochten wie eine Lautsprecherbox beim Technokonzert. Rami übergab sich im Matheunterricht. Es sah aus wie Teer – purer Kaffee.

Es muss lustig ausgesehen haben. Ein zuckender Mensch, der schwarz kotzt. Eher bekannt aus Horrorfilmen. Also war Kaffee nicht die Lösung. Red Bull gab's ja zum Glück noch nicht. Wer weiß, was da passiert wäre. Also musste eine andere Idee her.

Wir begrenzten die Trainingszeit. Wir trafen uns um 23 Uhr und hörten um 2 Uhr nachts auf. So hatten wir noch ungefähr sechs Stunden Schlaf. Ohne morgens zu duschen und auf die Toilette zu gehen, schafften wir es pünktlich in den Unterricht. Nur Rami bekam wieder Probleme, denn er musste morgens immer aufs Klo. Meist konnte er es bis zur ersten Pause zurückhalten, aber manchmal stürmte er auch aus der Klasse. Polternd und mit Panik im Gesicht. Der Lehrer schickte ihn zum Arzt, aber es wurde nix festgestellt. Sextanerblase halt.

So trainierten wir fleißig weiter, und der Tag des Turnieres rückte immer näher. Zwei Tage vor dem Turnier, nachts, als ich zum Kicker schlich, wurde ich fast erwischt, ausgerechnet von Kuropatwa und seinem Kumpel Steini. Er wurde so genannt, weil sein Bizeps hart war wie Stein. Er konnte ohne Probleme eine volle Getränkedose mit einer Hand zerquetschen.

Sie standen beide genau vor der Treppe, die zum Kickerraum führte. Ich war eh schon zu spät dran und die anderen waren schon unten. Ich hoffte jetzt nur, dass die anderen mich nicht suchten und Kuro und Steini in die Arme liefen. Ich hörte Kuro, wie er zu Steini sprach: „Mein Vater ist am Wochenende wieder total ausgeflippt. Ich habe das Gefühl, er will mich und meinen Bruder gar nicht da haben." Als ich das hörte, wurde ich für einen kurzen Moment nachdenklich. Ich dachte sogar für eine Sekunde, dass Kuro bestimmt ein trauriger Kerl und vielleicht deshalb so aggressiv ist. Aber der Gedanke an seinen Schlag in mein Gesicht hatte alles wieder vergessen lassen.

Kuro gab Steini einen High five und beide verschwanden. Ich machte mich auf zum letzten Training. Für die Nacht vor dem Turnier hatten wir mit Rami und den beiden Brüdern entschieden, nicht zu trainieren, damit wir fit sind.

Dann war es so weit. An diesem Tag war kein Unterricht. Die Mannschaften wurden präsentiert. Am coolsten fand ich die Aktion der Brüder Markus und Stoffi, die mit uns trainiert hatten. Sie hatten für Rami und mich T-Shirts bemalt. In großen Buchstaben und mit Edding geschrieben stand da „Einarmige Banditen" drauf. Damit hatten sie ein Zeichen gesetzt.

Dann begann die Auslosung. Wir spielten in der ersten Runde gegen Gebauer und Schwarz. Zwei eher ruhige Jungs, aber mit viel Erfahrung. Der Lehrer gab den Anpfiff und im Keller brach die Hölle aus. Ein Gefühl wie im Stadion. Jede Seite ein Fanblock. Stadiongegröle und Fahnenmeer. Die Kids aus der 5. Klasse hatten kleine Fahnen gebastelt. Es war echt cool. Ich fühlte mich das erste Mal mit meiner Hand anerkannt. Meine ganze Wut war weg. Ich dachte nicht mehr an Kuro. Ich wollte nur eines: gewinnen!!!

So war es dann auch. Das Training und die Schinderei hatten sich gelohnt. Wir kamen immer weiter voran. Von Runde zu Runde wurden wir immer besser. Rami schwitzte, als würde er selber als Figur an der Stange hängen. Ich war auch im Rausch.

Bis zum Halbfinale lief alles glatt. Doch dann der Schreckmoment. Bei einer Drehung knackte irgendwas in meiner linken Hand und ich bekam echte Schmerzen. Ich bat um kurze Pause. Die Jungs gegenüber fanden das nicht cool. Sie dachten, ich mache das extra, um sie aus dem Rhythmus zu bringen. Doch dem war nicht so. Meine Hand schwoll an. Der Lehrer schaute drauf und meinte, dass das Beste wohl Eis wäre. Markus und Stoffi reagierten sofort. Stoffi lief in die Küche und holte Eis. Markus lief zum Erste-Hilfe-Zimmer und holte einen OP-Handschuh. Sie füllten den Handschuh mit Eis und schoben meine Hand vorsichtig hinein. Nach zwei Minuten spürte ich nichts mehr vom Schmerz und konnte wieder greifen. Das war echt schlau von den beiden. Sie sind bestimmt Ärzte oder Rettungssanitäter geworden.

Das Spiel ging weiter und Rami warf den Ball rein. Es stand 9:9 und ein Tor entschied, ob wir ins Finale kommen. „Ein blödes Tor, bitte nur ein Tor", war mein Gedanke. Jeder gab alles, und so langsam schmerzte meine Hand dann doch wieder. Doch dann kam das „Kleine Wunder vom Kickerkeller". Rami warf erneut den Ball rein, da er zuvor von unseren Gegnern rausgekickt wurde. Diese Situation hatten wir tausendmal geübt. Rami drehte den Ball an. Er schoss nicht nach vorne Richtung gegnerisches Tor, wie von unseren Gegnern erwartet, sondern nach hinten zu mir. Er landet genau vor meinem Torwart.

Rami riss seine Spieler in die Querposition und machte mir Platz. Dann machte ich eine Blitzdrehung mit meiner Hand und der Ball knallte wie eine Rakete zwischen allen Figuren durch, direkt in die Mitte des Tores der Gegner. Ich vermute, es war Schallgeschwindigkeit, denn es hat einen Megaknall gegeben und der Ball war so schnell, dass der Gegner seinen Torwart noch nicht mal bewegt hatte. Der Megajubel kam auch erst Sekunden später, da alle ein wenig Zeit brauchten, um es zu verstehen.

Rami und ich rissen die Arme hoch und umarmten uns. Wir wurden gefeiert wie Ronaldo und Messi zusammen. Das war der Hammer. Dieser Erfolg war ein unglaubliches Gefühl. Alle jubelten uns zu. Es gab Daumen hoch von Jungs, die Rami oder mich vorher nicht wahrgenommen hatten. „Alter, wir sind im Finale", grölten die Brüder Markus und Stoffi. Der ganze Keller grölte mit, selbst die Lehrer und Erzieher waren im Rausch. Nur einer stand mit seinem Partner ruhig in der Ecke. Da muss man nicht dreimal raten, wer es war.

Kapitel 5
Respekt durch einen Trick

Kuro und Steini kamen gefährlich leise zum Kicker und stellten sich auf ihre Seite. Sie waren die Champs. Sie hatten auch eine Aufschrift auf ihren Shirts. Es war nicht mit Edding geschrieben, sondern wirklich gedruckt wie ein echtes Fußballtrikot. Auf ihrer Brust stand: Killerkicker. Passte auch zu den beiden.

Steini nahm seine Griffe und bog leicht die Stange nach oben. Er wollte uns Angst machen. Kuro hatte nur mich im Blick und wollte mich einschüchtern. Wie zwei große, verfressene weiße Haie, die ihre Opfer beobachten und eh wissen, dass sie die kleinen Sardinen gleich zerfetzen. Ich konnte meine Hand noch mal kühlen.

Dann kam der Anpfiff. Wir durften den Ball werfen, da wir die Jüngeren waren. Rami warf den Ball mit Drall nach vorne, sodass er in die Richtung des Tores von Kuro und Steini rollte. Dann kam ein Tritt von Kuro, der in der Verteidigung stand, von seinem linken Abwehrspieler. Der Ball knallte in unser Tor.

Sollte das jetzt der Anfang vom Ende sein? Wir sind so weit gekommen und lassen uns einschüchtern. Ganz klar: Nööö!!!

Nach kurzer Zeit führten Kuro und Steini 6:2, aber Rami und ich wurden gefeiert und angefeuert. Noch ein Grund mehr für die zwei weißen Haie, uns kleinzuhacken.

Wir nahmen jetzt alle Kraft zusammen und holten auf. Es lief wieder gut. 6:5 stand es jetzt. Wir könnten das Wunder schaffen. Es war echt möglich. Wir gingen sogar in Führung. Als ich die Zahlenreihe über meinem Tor anfasste und den Stein mit der Acht rüberschob, zitterte ich am ganzen Körper. Kuro merkte das, legte seine Hand auf meine, schaute mich an und sagte leise: „Wenn ihr gewinnt, bist du tot."

Ich zog meine Hand ganz schnell zurück. Rami nutzte den Moment und warf den Ball ein. Kuro war kurz abgelenkt. Der Ball rollte zu meinem Torwart und ich knallte den Ball mitten ins gegnerische Tor. Ich glaube, es war sogar der Winkel. Ich bin sicher, alle hätten sich eine Zeitlupe gewünscht. Allen voran ich.

Jetzt stand es 9:8 für uns. Die Jungs in den Fanblöcken flippten aus. Kuro stand der Hass ins Gesicht geschrieben. Ich glaube, er hätte mich auf der Stelle mit den Kickerstangen aufspießen wollen. Steini warf den Ball. Er tischte einmal auf, über alle anderen Spieler hinweg und Kuro drehte seinen Torwart und traf den Ball mit einem Volleyschuss. Der Ball flog wie eine Sternschnuppe durch unsere Spieler hindurch in unser Tor. Ich dachte nur: Shit, shit, shit. Rami war fast am Ende seiner Kräfte und meine Hand glühte schon. Ich weiß nicht, ob ich Schmerzen hatte oder keine.

Diesmal warf Rami den Ball rein. Jetzt stand es 9:9. Ein Tor und wir könnten das Turnier gewinnen und zu Legenden werden. Doch dann fiel mir Kuros Satz wieder ein, den er in der Nacht zu Steini über seinen Vater sagte. Blitzschnelle Gedanken flogen durch meine Hirnmasse. Es funkte hin und her zwischen „Komm, lass gut sein" oder „Zeig ihm, wo der Hammer hängt". Ich entschied mich für „Lass mal gut sein".

Ich tat so, als würde meine Hand einen Krampf bekommen. Ich wusste, dass Kuro und Steini die Situation sofort nutzen würden und damit ihr Maul weit öffneten und uns, die kleinen Sardinen, schluckten. So war es auch. Kuro knallte den Ball ins Tor und es war vorbei.

Der Jubel war eher mittelmäßig und Rami schaute mich nur entsetzt an. Vermutlich hatte er es gemerkt. Ich glaube im Nachhinein, alle hatten es gemerkt. Warum habe ich mich so entschieden?

Hätten wir gewonnen, hätten Kuro und Steini uns wahrscheinlich für immer im Visier. Nicht nur mich, sondern auch Rami und die Brüder Markus und Stoffi. Den Respekt hatten wir uns eh erspielt, und ich hatte gehofft, dass eines Tages auch Kuro und Steini es merkten. Und es kam auch so. Meine Hoffnung bestätigte sich schon am nächsten Tag.

Wir spielten Fußball auf dem Internatshof und ein älterer Schüler nahm uns den Ball einfach weg und wollte gehen. Da wurde die Hoftür mit Wucht von einer wutschnaubenden Dampflok aufgetreten. Der Kesselwagen hinten dran. Kuro und Steini rollten regelrecht über den älteren Schüler drüber. Steini stieß ihn zu Boden und Kuro nahm ihm den Ball ab. Rami und ich erstarrten vor Angst. Doch dann wurde es still. Kuro kam mit dem Ball unter seinem Arm zu uns rüber und schmiss ihn uns vor unsere Füße. Dann ging er, ohne ein Wort zu sagen, wieder ins Gebäude. Kurz vor dem Eingang drehte er sich noch einmal um und zwinkerte mir zu.

Ich hätte heulen können vor Freude. Ich hatte mir tatsächlich den Respekt und die Anerkennung erkämpft. Ich, der kleine einarmige Bandit. Ich, der kleine dicke mit dem schiefen Zahn und den wuscheligen Haaren. Chewbacca hatte seinen Han Solo gefunden. Es war ein Feuerwerk an Gefühlen.

Ich hatte noch lange Jahre nach meiner Internatszeit Kontakt zu Kuro. Er hatte große Probleme mit seinem Vater und musste sogar eine Therapie machen. Das letzte Mal, als ich von ihm hörte, war er glücklicher Vater von zwei

Kindern. Er ist dann in die USA gezogen und wir haben uns aus den Augen verloren.

Noch heute denke ich oft an ihn zurück, wenn es Situationen gibt, in denen ich mich selber oder andere positiv bestärken muss. Mein Motto lautet sowieso: Niemals aufgeben, erkämpfe dir positiven Respekt. Es dauert zwar länger und ist härter, aber es macht dich zufriedener und ist nachhaltiger. Es macht dich selbstbewusster.

Ich hätte nie gedacht, dass diese Geschichte mit dem Kicker mich so sehr begleiten würde. Es hat tatsächlich meine Sicht auf die Dinge verändert und mich feststellen lassen, wie wichtig Respekt und Anerkennung sind.

Kapitel 6
Der Deal

Dieses Motto brauchte ich in Zukunft wirklich noch sehr oft. Meine Internatszeit endete nach zwei Jahren. Das Internat musste schließen. Warum, weiß ich bis heute nicht.

So kehrte ich bestärkter in meine alte Schule zurück. Für mich waren es gemischte Gefühle. Zwar traf ich alle meine Freunde wieder, aber es gab ja noch diesen Lehrer, wegen dem ich ins Internat gekommen war. Es klingt komisch, aber eigentlich konnte ich ihm dafür dankbar sein. Ich fühlte mich stärker als damals, sehr stark.

Ich kam jetzt in die 9. Klasse, weil das Internat mitten im 10. Schuljahr geschlossen hatte. Also war ich eigentlich schon in der Zehnten. Doch das machte mir nichts aus. Es war okay für mich. Es war zwar nicht meine alte Klasse, aber meine alten Freunde waren ja auch auf der Schule.

Ich habe mich wirklich auf den ersten Tag gefreut. Ich wurde in der Klasse vorgestellt und war gar nicht so aufgeregt, da ich eh weiter war als die, die mich jetzt von oben bis unten musterten.

Ich habe sofort gemerkt, dass diese Klasse geteilt war. Es gab die coolen Typen und die eher strebsamen. Ich fand das in Ordnung, denn ich kannte ja beide Seiten. Mich zog es aber komischerweise eher zu den strebsamen Klassenkameraden. Lag bestimmt an der positiven Erfahrung mit Rami aus dem Internat. Er hat mich überzeugt, dass Köpfchen sehr von Vorteil sein kann und cooles Aussehen auf Dauer wirklich nichts bewirkt.

In der zweiten Stunde hatten wir Sport. In der Umkleide, die immer noch wie früher nach Pumakäfig roch, hatte sich nichts geändert. Na ja, sagen wir mal so, der Pumakäfig war im Vergleich zu diesem Geruch, der den Raum beherrschte, eher einer frisch eingefüllten Badewanne mit frühlingshafter Badelotion gleichzusetzen.

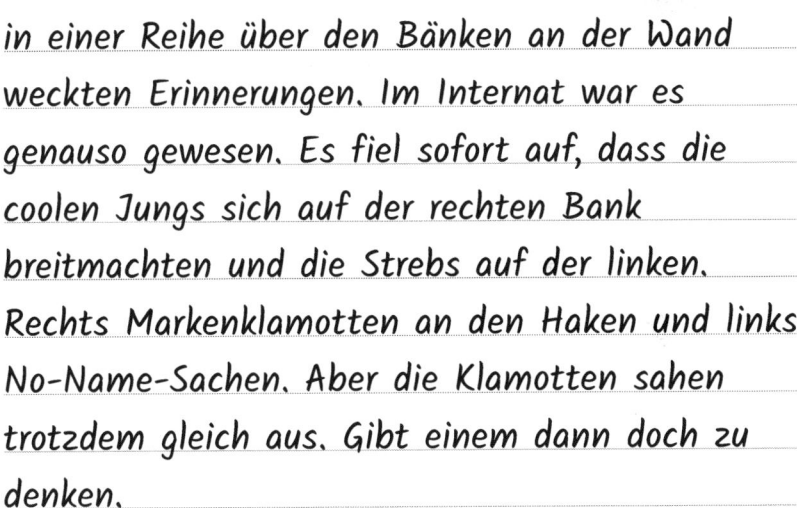

Die langen Bänke rechts und links und die halb verrosteten Kleiderhaken in einer Reihe über den Bänken an der Wand weckten Erinnerungen. Im Internat war es genauso gewesen. Es fiel sofort auf, dass die coolen Jungs sich auf der rechten Bank breitmachten und die Strebs auf der linken. Rechts Markenklamotten an den Haken und links No-Name-Sachen. Aber die Klamotten sahen trotzdem gleich aus. Gibt einem dann doch zu denken.

Dann hieß es, ab in die Halle. Ich staunte nicht schlecht. In den zwei Jahren meiner Abwesenheit hatte die Stadt eine riesige Sporthalle bauen lassen. Drei Basketballfelder nebeneinander. Ein mächtiges Teil. Wie ein Flugzeughangar. Da hätte ein Airbus quer drin stehen können. Der Nachteil: Man musste sich mehr bewegen.

Herr Berke, der Sportlehrer, war echt cool. Er begrüßte mich und fragte, was für eine Sportart ich toll finde und wo ich gut drin bin. Ich musste ihn leider wegen meiner Hand vertrösten, denn die zweite OP stand in Kürze auf dem Plan. Hört sich witzig an, aber meine Hand sollte neue Knochen bekommen. Es wurden Knochen aus meiner Hüfte entfernt und in meine Hand eingepflanzt. Damals war das eine Sensation, aber heute ist es nichts Besonderes mehr. Also durfte ich mich auf die Bank setzen. Fand ich zwar echt langweilig, aber ich konnte die anderen dadurch gut beobachten.

Basketball stand auf dem Plan. Wie die Mannschaften gewählt wurden, war ja klar. Die Coolen wählten die Coolen und die Strebs wählten ihresgleichen. Die Coolen gewannen, aber nicht durch gutes Spielen, sondern durch organisierte Einschüchterung. Sätze wie: „Alter, ich weiß, wo dein Fahrrad steht." Oder: „Noch ein Punkt und dein Rucksack lernt fliegen." Immer in dem Moment, wenn der Lehrer nicht hinschaute.

Wie gesagt, sie waren gut organisiert. Die Strebs waren aber eigentlich richtig gut unterwegs. Es gab ein paar echt tolle Würfe und Pässe. Hätten sie mehr Selbstvertrauen gehabt, hätten sie gewinnen können. Und da war es wieder. Mein Gedanke, der im Internat dazu geführt hat, dass Kuro Respekt vor mir hatte. Komisch, denn genau dieser Gedanke lies eine Idee in mir wachsen, aber das wäre zu schnell gewesen. War ja erst den ersten Tag wieder da. Aber sie war in meinem Hinterkopf abgespeichert.

Ein Daueropfer dieser coolen Gang war Jörg. Er hat mich

JÖRG

an mich selbst erinnert, als ich in der 5. Klasse war. Er war verängstigt und unsicher. Er hatte eine Brille und war groß, dünn und schlaksig. 'ne Mischung aus Giraffe und Känguru. Nach dem Motto: Ich habe Beine, aber wohin damit? Seine Jeans war zu kurz, wie auch sein Pulli. Seine Schuhe passten nicht richtig und waren vorne gerissen. In seinem Gesicht strahlten Sommersprossen und er hatte rote Haare.

Sport mit Bällen war nicht so sein Ding, aber er war schnell. Er war sehr schnell, denn er hatte ja lange Beine. Machte er einen Schritt, machten andere vier. Er wurde permanent von der coolen Gang fertiggemacht. Seine Schulsachen flogen in regelmäßigen Abständen aus dem Fenster. Sein Fahrrad wurde mit fremden Schlössern an andere Fahrräder gebunden.

Einmal hatte einer der Coolen Jörg richtig auf der Liste. Jörg kam die Treppe zur Klasse hoch und ihm wurde abgelaufene Sahne auf den Kopf geschüttet. Er war von oben bis unten voll mit

nach Kotze riechender Sahne.
Ich dachte, jetzt flippt er aus,
aber er drehte sich wieder um,
ohne etwas zu sagen, und ging nach
Hause.

Am nächsten Tag kam er ganz
normal in die Schule, als wäre nix
gewesen. Ich glaube, er hat sich mit
der Rolle des Opfers abgefunden. Ich
stand nicht im Fokus der Coolen, denn ich war älter und ich
glaube eher unheimlich für die Jungs.

Und für die nächsten zwei Wochen war ich dann
eh raus, denn ich musste ins Krankenhaus. Meine
OP verlief gut und meine Hand machte echte
Fortschritte. Ich konnte wieder greifen und die
Finger bewegen. Was für andere normal ist, war
für mich ein Wunder. Ich habe mich echt gefreut.

Was mich noch mehr gefreut hat, war, dass ich
Besuch bekam. Plötzlich stand Jörg in meinem

Krankenzimmer. Ich dachte, ich traue meinen Augen nicht. So kam ich mit Jörg ins Gespräch. Er hatte keine Freunde, und da ich der Einzige in der Klasse war, der ihn nicht quälte, hatte er Vertrauen zu mir, denke ich.

Er erzählte von den Klassenkameraden, sodass ich Einiges erfuhr, was echt hart war. Jörg wurde regelrecht gemobbt. Er hatte Angstzustände und wollte 'ne Zeitlang nicht zur Schule. Er wurde sogar richtig krank und konnte nichts essen. Aber am schlimmsten war, dass seine Eltern ihm nicht glaubten. Seine Noten waren nicht gut, und sein Vater machte Druck und verstand den wahren Grund nicht, oder er wollte es nicht wahrhaben. Das war das größte Problem für Jörg.

Ich erzählte ihm, wie es bei mir im Internat war. Meine Eltern haben mir auch nicht geglaubt. Der größte Fehler, den man machen kann. Ich erzählte ihm vom Kickerturnier und was das bei mir ausgelöst hat. Er hörte mir aufmerksam zu und inhalierte meine Geschichte regelrecht. An seinem Gesicht merkte ich, dass er anfing, nachzudenken.

Unser Gespräch wurde dann leider von Schwester Gisela unterbrochen. Schwester Gisela war mega. Sie war total lustig, und ich danke ihr heute noch für diese Art. Sie hat mir echt über die Zeit im Krankenhaus hinweggeholfen. Da meine Eltern beide in der Apotheke arbeiteten, hatten sie nicht so viel Zeit, mich zu besuchen. Schwester Gisela konnte meine Eltern nicht ersetzen, aber sie war für mich da, wie die Oma, die man sich wünscht. Sie war groß wie ein Grizzlybär und konnte die Spritze aus der Entfernung auf dem Po platzieren. Bevor man überhaupt Angst bekam oder was sagen konnte, war das Ding in einem drin. Sie hätte eigentlich Scharfschützin werden müssen.

Sie hat einem immer Mut gemacht und immer den einen Spruch: „Hast du Krebs? Wenn nicht, dann bist du nicht krank." Gemeint war damit: Hey, stell dich nicht so an, es gibt immer Schlimmeres. Diesen Satz hatte ich mir für immer gemerkt, und es hilft.

Nachdem ich also von Gisela beschossen wurde, musste Jörg nach Hause. Meine Idee bezüglich des Basketballs wuchs und wuchs. Sie ließ mich nicht los. Eine Woche später war ich wieder in der Schule. Ich kam morgens rein und setzte mich an meinen Platz. Als Jörg mich sah, drehte er sich zu mir um und winkte mir zu. Als ich zurück winkte, erwachte der Schwarm der dunklen Macht. Die Blicke gingen zwischen Jörg und mir hin und her wie bei einem Tennisspiel, wenn das Publikum den Ball verfolgt. Die Coolen waren irritiert, die Strebs irgendwie überrascht.

Doch dann betrat der Lehrer den Raum und wir schufteten Zahlen und Diagramme. Mathe, das

Fach der Hölle. Jörg begriff schnell, dass Mathe für mich war wie der Todesstern für die Rebellen. Hätte ich die Klasse noch zehnmal wiederholt, hätte ich es nicht gerafft. Ich hatte bestimmt eine Rechenschwäche. Bis heute habe ich Probleme mit Zahlen. Ich mag sie nicht und sie mich auch nicht. Da ich aber in den anderen Fächern sehr gut war, natürlich auch weil ich wiederholt habe, hatte ich Zeit, meine Idee wachsen zu lassen.

Ich wollte, dass die Strebs Respekt erspielten, damit dieser Zustand, keine Klassengemeinschaft zu haben, endet. Es ließ mich einfach nicht los, da ich diese unglaublich positive Erfahrung im Internat gemacht habe. Ich dachte, was ich kann, können andere auch.

Nach der dritten Stunde bimmelte es zur Pause. Alle dampften ab auf den Schulhof. Die Coolen immer unter der Brücke und die Strebs an der neuen Sporthalle. Schön weit auseinander. Bei den Mädels war es auch so, aber das war für mich noch kein Thema. Ich stand bei meiner alten Klasse. So hatte jeder seinen Platz.

Der Nachteil war, dass die Strebs an den Coolen vorbei mussten, um aufs Klo zu gehen. Ich beobachtete, wie Jörg dorthin ging. Kurz darauf folgten ihm zwei Coole und verschwanden hinter der eisernen Klotür. Ich ahnte nichts Gutes und bat zwei Kumpels von mir, mitzukommen.

Wir öffneten die Tür, und es war, wie ich es erwartet habe. Jörg in einer der Kloboxen und rechts und links in den Nebenboxen zwei Jungs, die ihm auf die Schuhe pissten. Einer meiner Jungs reichte für die zwei Pisser. Er nahm sie am Kragen und schmiss die beiden vor die Tür auf den Hof. Mit runtergelassenen Hosen landeten sie auf dem Schulhof.

Was folgte, war ein mächtiges Gelächter. Jörg weinte. Ich klopfte ihm auf die Schulter *und ging mit ihm und meinen Kumpels raus. Ich wusste, dass das eigentlich Jörgs Todesurteil war, aber ich hatte ja noch diese Idee mit dem Basketball. Das würde ihn retten. Ich wusste das.*

Als die Pause zu Ende ging, füllte sich die Klasse langsam. Nachdem sich auch die zwei Pisser einfanden, waren wir komplett. Die Blicke der beiden hätten mich sofort töten wollen. Jörg wurde fixiert wie ein Lamm von einem Löwen. Zum Glück kam der Lehrer und das Adrenalin sank in den Normalbereich.

Nach der Schule begleitete ich Jörg aus der Reichweite der Hyänen. Er kam sicher zu Hause an. Am nächsten Morgen stand wieder Sport auf dem Programm. Ich auf der Bank und Basketball in der Halle. Natürlich wieder das gleiche Spiel. Die Coolen versuchten mit leeren Sprüchen, die Strebs einzuschüchtern. Was ihnen auch gelang.

Jörg spielte auch mit. Er bekam den Ball und wollte gerade loslaufen. Da er auf den Ball schaute und nicht nach vorne, lief er direkt in einen der coolen Jungs. Er schmiss ihn aus Versehen um. Alles stand still in der Halle. Der Coole musste ja cool sein. Er stand unter Schmerzen wieder auf. Jörg wollte ihm die Hand reichen, doch sie wurde weggeschlagen, und mit dem Satz „Wir sehen uns noch" drehte der Coole sich um und ging zu seinen Jungs rüber.

Doch dann drehte er sich plötzlich um und lief bedrohlich auf Jörg zu. Jörg bemerkte das und fing an zu laufen. Wie eine Gazelle, die vor einem Puma flüchtet. Mann war der schnell. Der Coole hatte nicht die geringste Chance. Jörg lief ihm einfach davon, bis der Sportlehrer beide stoppte.

Es klingelte und der Sportunterricht war zu Ende. In der Umkleide war es dann so weit. Ich musste meine Idee verwirklichen. Jetzt war der richtige Zeitpunkt. Alle Jungs waren anwesend.

Der gefaulte Coole hatte Jörg im Visier. Da flog schon der erste Schuh an Jörgs Kopf. Er knickte ein und setzte sich schmerzerfüllt auf die Bank. Ich ging zu ihm rüber.

Die Coolen begannen ihn im Chor zu beschimpfen: „Loser, du bist der Loser!" Jetzt wurde es mir zu viel und ich ließ einen Brüller los. Mir ging diese unfaire Art so auf den Sack, dass ich nicht anders konnte. Weiß nicht, was mich dazu bewegt hat, aber es war plötzlich still in der Umkleide. Ich sagte zu den Brüllaffen: „Was habt ihr für ein Scheißproblem?! Ich habe euch die ganze Zeit beim Spiel beobachtet ... Und wisst ihr was? Ihr seid die Loser. Ich wette mit euch, dass die Mannschaft von Jörg euch im Basketball schlägt."

Die Coolen standen da wie Statuen. Für einen Moment haben sie nix gerafft. Unsichere Blicke nach rechts und links. Zeit schinden zum Nachdenken. Dann der Blick zurück zu mir. Mir war auch mulmig, denn die Jungs waren zu zehnt. Sie hätten mich ohne Weiteres verschlucken können. Doch es kam anders.

Einer von ihnen sagte: „Meinst du das ernst? Meinst du, dass diese Loser uns schlagen könnten? Lächerlich. Aber weißt du was, die Wette nehmen wir an." Die anderen neun brachen in Jubel aus. Wie eine Horde wilder Paviane. „Um was wetten wir?", wollte einer wissen.

Ich dachte kurz nach und antwortete: „Wenn die Jungs von Jörg gewinnen, dann lasst ihr sie für immer in Ruhe, wenn ihr gewinnt, dann machen euch die Strebs für die nächsten zwei Jahre die Hausaufgaben."

Jörg schaute mich an wie ein Auto. In seinen Augen war klar zu lesen: Lehel, du bist irre. Ich schaute zu den Coolen rüber, die kicherten und lachten. „Deal oder nicht?" Die coole Horde nickte und der Deal war gemacht. Ich fand's cool, wie in einem Highschoolfilm hatte ich mich gefühlt. „Okay, das Spiel findet in vier Wochen statt", sagte ich. Jeder schnappte sich seine Klamotten und wir gingen zum nächsten Unterricht. Die Schlacht um Respekt hatte begonnen.

Kapitel 7
Eagles gegen Bears

Am Nachmittag habe ich die Strebs in die Schule bestellt. Sie kamen auch alle. Jörg und seine Jungs. Sie waren leider nicht so überzeugt wie ich. Aber es war mein Job, sie irgendwie zu bestärken. Ich weiß nicht warum, aber irgendetwas in mir wollte das. Es war wie ein Ruf nach Respekt. Respekt für diese Jungs.

Ich hatte schon erlebt, wie es ist, zu kämpfen und damit Anerkennung zu bekommen. Diese Jungs kannten es noch nicht, aber sie hatten es verdient. Eigentlich hat es jeder verdient. Also erzählte ich von meinem Plan.

Da ich die ganze Zeit auf der Bank gesessen habe, kannte ich die Stärken und Schwächen der Coolen. Erstmal musste ein cooler Name her. Wie damals im Internat. Wir waren ja damals die „Einarmigen Banditen" und Kuro und Steini die „Killerkicker". Wir dachten nach und währenddessen kam unser Sportlehrer um die Ecke: „Hey Jungs, was macht ihr so spät noch hier?"

Ich erklärte ihm die Situation. Er schaute in die Runde und seine Augen strahlten. Klar, ein Sportlehrer und ein Match. Das passte zusammen. Er fand die Idee so cool, dass er sogar anbot, die Jungs zu trainieren. Damit ist dieser Mann für mich in den Olymp aufgestiegen.

Die Jungs freuten sich riesig, und so entstand der Name des Teams: „Berke Bears". Unser Sportlehrer hieß Berke und es war jetzt sein Team. Am nächsten Nachmittag ging es los. Lauftraining, Wurftraining und Stellungsspiel. Jörg musste die ganze Zeit Korbleger üben. Er dribbelte auf den Korb zu, machte zwei große Schritte, sprang mit dem Ball hoch und warf ihn an die rechte obere Ecke des schwarzen Quadrats am Brett und der Ball landete sicher im Korb. Immer und immer wieder musste er es machen. Er wurde besser und besser. Sein Vorteil war ja, dass er mega schnell war und auch größer als alle anderen. Der perfekte Center.

Die anderen waren zwar nicht so schnell, aber dafür beim Wurf zielsicher. Die Taktik war klar. Dem Gegner den Ball im Angriff wegschnappen und zu Jörg nach vorne spielen. Dann konnte er durch seine Schnelligkeit punkten. In der Abwehr waren zwei Jungs, die ein wenig kräftiger waren und nicht so wendig, aber an ihnen vorbeizukommen war schwierig. Sie waren diejenigen, die dem Gegner den Ball abnehmen konnten.

Natürlich hatte es sich in der Klasse rumgesprochen, dass die Strebs Unterstützung von Sportlehrer Berke bekamen. Die coolen Jungs mussten sich auch was einfallen lassen. Und das taten sie auch.

Sie schnappten sich Sportlehrer Orzel. Orzel und Berke mochten sich nicht besonders, also passte es. Die coolen Jungs hatten auch ihren Namen gefunden. Sie waren die „Orzel Eagles".

Jetzt war es wie im echten Sport. Zwei Mannschaften, zwei Trainer und ein richtiges Match.

Was mir sofort durch den Kopf ging, waren unsere Fans damals im Internat beim Kickerturnier. Da war es wie im Stadion. Das war der Hammer. Da ich eh noch nicht mit meiner Hand spielen konnte, hatte ich mich entschieden, das Event zu managen. Ich wollte aus diesem Match eine Show machen, die für Respekt und Anerkennung steht.

Ich suchte in der Schule einen älteren Schüler, der cool zeichnen konnte, und fragte den Kunstlehrer Herr Haupt. Dieser fand die Idee auch cool und schlug mir Rüdiger Krischel vor. Dieser Typ war der Hammer. Er hatte mal eine riesige Qualle auf einen Brückenpfeiler mitten in der Stadt gemalt. Genau das war mein Mann. Wie sich herausstellte, wurde er auch extrem gemobbt. Auch von dem Lehrer, der meine Eltern so lange bearbeitet hat, bis sie mich ins Internat schickten.

Ich traf mich mit ihm. Er war sofort überzeugt und malte ein großes Plakat für das Spiel: einen coolen Adler und einen Bären. Darunter malte er in Comicschrift die Namen der Teams. Weiter unten auf dem Plakat den Ort, also die Sporthalle der Schule, und die Uhrzeit. Wir legten die Uhrzeit so, dass nach der Schule jeder hinkonnte.

Ein Plakat reichte aber nicht aus. Ich wollte in jeder Klasse eins haben. Leider fehlte mir das Geld, um so große Kopien zu machen. Rüdiger hätte in der Zeit niemals so viele Plakate malen können. Irgendwo musste ich Kohle herkriegen.

Neben der Apotheke meiner Eltern war ein Copyshop. Der Besitzer und meine Eltern hatten ein gutes Verhältnis. Als ich mal wieder für meine Eltern Medikamente ausgeliefert hatte, bin ich einfach zu ihm rein. Ich erklärte ihm, was ich vorhabe und wie wichtig dieses Spiel ist.

Er war echt angetan. Er fand meinen Willen und meinen Einsatz so toll, dass er mir die Kopien schenkte. Das war für mich auch eine Art Anerkennung für das, was ich tat. Das war groß. Ich hatte mich tausendmal bedankt und latschte am nächsten Tag mit einem großen Karton mit Plakaten in die Schule.

Die Jungs und ich ließen uns nach dem Unterricht vom Hausmeister eine Klasse nach der anderen aufschließen und wir klebten die Plakate wirklich in alle Klassenräume. Am nächsten Tag wusste es die ganze Schule. Gutes Marketing.

In der Sporthalle konnte man eine Tribüne ausfahren, wie bei einem echten Basketballspiel.

Da passten locker 400 Personen drauf. Ich ging zur 5. Klasse, denn im Internat hatten damals die Fünftklässler kleine Fahnen gebastelt. Ich schlug der Klassenlehrerin die Idee vor und sie fand es großartig. Sie überließ allerdings den Kids, für welches Team sie die Fahnen bastelten.

Die Kids entschieden sich für 20 Fahnen für die Eagles und 20 Fahnen für die Bears. Das war echt fair. Fand ich super. So, jetzt hatte ich Plakate und Fahnen. Was war aber mit den Fans? Wir brauchten natürlich Zuschauer. Die Plakate hatten zwar eine informative Wirkung, aber wie bekam ich jetzt die Zuschauer dazu, sich das Spiel anzuschauen?

Ich musste irgendwas um das Spiel herum gestalten. Eine Art Show oder so. Musik, ja, ich brauchte Musik. Einer der Schüler aus der 11. Klasse war DJ. Er hatte 'ne riesen Auswahl an Musik. Ich habe ihn auf dem Schulhof angesprochen. Er wusste, worum es geht, denn auch er hatte die Plakate gesehen und wollte helfen. Er stellte eine Begrüßungsmusik für die Teams her und besorgte durch einen Freund tatsächlich eine Nebelmaschine, Discolicht und zwei Spots. Das war der Hammer. Es wurde immer cooler.

Die Teams trainierten derweil fleißig. Jörg wurde unglaublich gut. Er hatte richtig Spaß an der Sache und der Ehrgeiz hat ihn gepackt. Ich habe mich wirklich für ihn gefreut. Er wirkte schon lockerer. Die Eagles trainierten auch hart, aber sie nahmen es nicht so ernst wie wir. Man hörte immer wieder böse Sprüche von den Jungs. Sprücheklopfer vom Feinsten.

Die Zeit lief, und es war nur noch eine Woche bis zum Showdown. Ich war aufgeregter als alle zusammen. Ich wünschte mir so sehr, dass meine Jungs gewinnen, damit sie Respekt bekommen. Ich hoffte, dass der Plan aufgeht.

Die Fahnen der Fünftklässler sahen mega aus. Die Bears-Fahne hatte einen coolen Bärenkopf, der seine Zähne fletschte, und die Eagles einen Adler, der seine Flügel auseinanderbreitete. Da haben sich die Kids echt Mühe gegeben. Sie wollten natürlich zum Spiel kommen. Die ersten 30 Zuschauer waren sicher. Fehlten nur noch 370. Egal, ich gab nicht auf. Ich dachte echt darüber nach, wie ich die Schüler persönlich erreichen könnte.

Und dann kam die Idee. Flyer, ja, ich könnte Flyer verteilen. Ich würde mich schon um 7.30 Uhr an den Haupteingang der Schule stellen und jedem

Schüler und Lehrer einen Flyer in die Hand drücken. Sie mussten ja an mir vorbei. Aber dann brauchte ich bestimmt 700 Flyer.

Ich ging noch mal zum Copyshop neben der Apotheke meiner Eltern. Ich hatte schon ein komisches Gefühl, denn 700 Flyer waren nicht wenig. Ich sprach mit dem Besitzer und erkannte schnell, dass ich mit der Idee ein wenig über das Ziel hinaus geschossen bin. Aber er schlug mir einen Deal vor. Wenn ich ihm am Wochenende im Copyshop im Lager helfen würde, würde er die Flyer drucken. Das passte super, denn nächste Woche Mittwoch sollte das Spiel stattfinden. Montags wären die Flyer fertig, sodass ich sie am Tag vor dem Match morgens verteilen könnte. Ich sagte zu.

Ein guter Manager setzt sich für sein Team ein. Die Lagerarbeit war easy. Ich musste Papierpakete sortieren und in die Regale stellen. Am Montagmorgen kam ich in die Klasse und erzählte den Strebs von den Flyern. Sie waren einerseits total begeistert, andererseits bekamen sie Angst, denn durch die Flyerverteilung würden ja vielleicht viele kommen. Sie hatten Angst, sich vor der ganzen Schule zu blamieren.

Die Flyer sahen super aus. Ähnlich wie die Plakate, aber mit dem Zusatz „Match und Mega Music Light Show". War zwar ein wenig übertrieben für eine Nebelmaschine, ein wenig buntem Licht und zwei Spots, aber hey, es war halt Werbung. Da darf man ruhig ein wenig übertreiben.

Ich stellte mich, wie ich es geplant hatte, morgens um 7.30 Uhr an den Haupteingang und verteilte fleißig die Flyer an jeden, der ins Schulgebäude musste. Auch die Lehrer waren interessiert. Nur einem Lehrer gab ich keinen Flyer. Man darf dreimal raten, welcher es war. Obwohl, wenn ich heute daran zurückdenke, gerade ihm hätte ich einen geben sollen.

Als die Schule an dem Tag zu Ende war, musste ich gezwungenermaßen länger bleiben. Die Flyer, die ich verteilt hatte, schmückten in großer Zahl den Schulhof, das Treppenhaus, das Schulklo und einige Klassenzimmer. Der Hausmeister bestand auf Säuberung meinerseits. So sammelte ich die Flyer wieder ein. Die Schüler waren, was Modellflugzeugbau betraf, sehr kreativ. Unzählige selbst gebastelte Flieger aus Flyerpapier lagen verteilt auf dem Hof. Meine Hoffnung, dass viele zum Spiel kommen würden, wurde immer weniger. Aber ich wusste, ich hatte alles versucht. Nach vier Stunden fuhr ich dann nach Hause. Immerhin war der Hausmeister zufrieden. Jetzt nur noch einmal schlafen, und es war so weit.

Ich glaube, die Strebs haben öfter und länger trainiert als eine professionelle Basketballmannschaft. Die Coolen waren nicht so fleißig, denn sie waren total überzeugt, dass sie gewinnen würden. Die Strebs hatten sich weiße Shirts besorgt und schrieben mit Edding den Namen ihres Teams vorne drauf. Hinten den Namen und eine Zahl. Das erinnerte mich an unsere T-Shirts beim Kickerturnier im Internat. Die Coolen machten es auch so. Sie hatten schwarze Shirts und schrieben alles mit weißem Edding drauf. So konnte man die Teams gut unterscheiden.

Kapitel 8
Moment der Stärke

Der Tag war gekommen. Ich wachte auf und sprang in meine Klamotten. Ich war so aufgedreht wie 80 Tassen tanzender Kaffee. Mein Vater nahm mich normalerweise mit dem Auto zur Schule mit, da sein Weg zur Apotheke an der Schule vorbei führte, aber heute fuhr ich mit der Bahn. Ich wollte früher in der Schule sein, denn ich war verabredet mit dem Schüler, der die Musik und die Showanlage besorgt hatte.

Pünktlich um 7.15 Uhr trafen wir uns vor der Sporthalle. Herr Berke, unser Sportlehrer, öffnete die Türen zur Halle. Auch er war extra früher gekommen. In der Halle gab es eine fette Soundanlage. Wir platzierten die bunten Lichter hinter der Tribüne, sodass bei der Musik das Publikum beleuchtet wurde. Rechts sechs

Lampen und links sechs Lampen. Sie reagierten auf Musik und blinkten im Rhythmus der Mucke. Damals ein Wunder der Technik, heute eher alter Kram.

Die Nebelmaschine wurde unter der Tribüne als Überraschungseffekt platziert. Die beiden Spots brachten wir am Geländer rechts und links von der Tribüne an. Die Musik wurde gecheckt und ich bekam Herzklopfen. Das war ein Hammersound. Die ganze Halle füllte sich mit tiefen Bässen. Der DJ hatte echt coole Mucke ausgewählt.

Für den Einmarsch der Bears kam „Eye of the Tiger" aus dem Film „Rocky" zur Motivation. Die Eagles bekamen „Thunderstruck" von AC/DC. Die Ansage und die Vorstellung der Mannschaften sollte ich machen. Ich schrieb mir alle Namen auf und einen kurzen Begrüßungstext. Noch sechs Stunden bis zum Showdown.

Als die Klingel zur ersten Stunde schellte, war alles aufgebaut und getestet. Ich war so unter Strom wie ein ICE mit Höchstgeschwindigkeit. Ich raste die Treppen hoch in meine Klasse. Dort angekommen, waren schon alle da und warteten nur noch auf den Lehrer. Doch ausgerechnet einer fehlte. Jörg war nicht da. Er war bestimmt einfach zu spät, dachte ich. Er hat wahrscheinlich den Bus verpasst oder so.

Der Unterricht begann und die Uhr tickte. Mit jeder Sekunde, die verging, wurde ich nervöser. Ich saß zu weit weg von den Strebs, sodass ich keinen von ihnen fragen konnte, ohne den Unterricht zu stören. Da wir Mathe hatten, wollte ich nicht noch zusätzlich zu meiner Rechenschwäche etwas Negatives beitragen. Also hieß es, abwarten und geduldig sein.

Als der Matheunterricht endete und die Pausenklingel meine Ohren wie immer schädigte, sprang ich auf und ging zu den Strebs. „Hey Jungs, wo ist Jörg?" Einer von ihnen schaute zu mir rüber: „Jörg hat versucht, dich gestern zu erreichen. Er hat sich permanent übergeben und kann nicht kommen."

Ich dachte, jetzt bricht die Welt zusammen. Wie soll das gehen? Ich glaubte, Jörg hatte nur Angst und war aufgeregt. Blitzschnell habe ich überlegt.

Damals gab es ja keine Handys, aber wir hatten unten im Treppenhaus der Schule ein Münztelefon. Doch Münztelefone funktionieren nur, wenn man Münzen hatte. Ich brauchte lächerliche 20 Pfennig. Ich lieh sie mir von einem der Schüler und rannte zum Münztelefon.

Jörg ging ran. Er klang wie eine Katze, die vor zehn Sekunden ihre Haare hochgewürgt hatte. Er hatte sich so oft übergeben, dass seine Stimme fast weg war.

„Alter, du musst kommen. Ich kenne das. Das ist die  Aufregung. Glaub mir, die ist weg, wenn du in der Halle stehst."

Jörg machte eine längere Pause am Telefon und dann: „Meinst du wirklich? Vielleicht hab ich was Schlechtes gegessen. Ich weiß nicht."

Ich wurde energischer, denn ich wusste, dass Jörg dieses Erfolgserlebnis brauchte wie alle anderen auch: „Jetzt hör mir mal zu. Du hast nix Schlechtes gegessen. Du bist aufgeregt. Ich habe dir doch von meiner Sache mit dem Kicker im Internat erzählt. Da ging es mir vorher auch nicht gut. Aber glaub mir, wenn das alles geschafft ist, wird es dir mega gut gehen. Glaub mir."

Jörg machte eine weitere Pause und dann erklang seine vom Kotzen geschwächte Stimme:

„Okay, ich versuche es. Ich werde nach der Schule direkt in die Sporthalle in die Umkleide kommen."

Ich machte einen Sprung mit dem Hörer in der Hand: „Jaaa, genauso muss es sein." Ich legte auf und atmete einmal tief durch. Jetzt hoffte ich nur, dass Jörg wirklich kommen würde.

Die Schulstunden zogen sich wie kilometerlanges Kaugummi. Erst war Mathe gewesen, dann kam Englisch, eine Doppelstunde. Ich hörte gar nicht zu. Ich arbeitete fleißig an meiner Showansage. Im Musik- und darauffolgendem Erdkundeunterricht war ich völlig abwesend.

Die letzte Stunde für den Tag begann. Religion bei Frau Feldwisch. Da konnte ich für mein Team beten. Lieber Gott, bitte hilf uns, dass alles gut klappt. Dann kam der Moment, wo mein Adrenalin durch meinen Schädel an die Decke des Klassenzimmers schoss.

Die Schulklingel zum Schulschluss ertönte. Jetzt gab es kein Zurück mehr. Ich packte meine Sachen irgendwie zusammen und rannte aus der Klasse Richtung Haupteingang, um zu sehen, ob Jörg schon auf dem Weg ist.

Um die Zeit war der Platz vor der Schule normalerweise mit Schülern überfüllt, denn sie sprangen auf ihre Räder und düsten nach Hause. Doch nicht an diesem Tag. Ich merkte es erst später, da ich so an Jörg dachte. Der Platz war leer und alle Fahrräder standen noch da wie am Morgen. Wie eine Geisterstadt. Kein einziger Schüler. Was war hier los?

Ich wartete noch fünf Minuten, dann musste ich in die Halle. Der DJ wartete schon auch mich. Also lief ich rüber und direkt in die Umkleide meiner Jungs. Alle waren da. Nur von Jörg weit und breit nix zu sehen. Doch dann hörte ich ein brachiales Würgen aus dem Klo. Ich ging hin, öffnete die Tür und Jörg war gerade damit beschäftigt, sein Inneres nach außen zu tragen.

Mann, war ich froh: „Mensch, du bist da. Das ist der Hammer."

Jörg konnte leider durch seine körperliche Tätigkeit nicht antworten, aber er nickte mir zu.

Ich sagte in einem etwas lauteren, bestärkenden Ton zu ihm: „Hey, alles wird gut. Trink viel Wasser, dann wird's besser."

Okay, das war erledigt, jetzt musste ich zum DJ in die Halle. Ich lief die Katakomben entlang bis zur Lehrerbox, wo die ganze Technik, das Mikrophon und die Regler für das Licht waren, um meine Sachen dort abzulegen. Dann öffnete ich die schwere Tür zur Halle und zuckte zusammen. Mein Körper wurde für einen kurzen Moment irgendwie weich. Ich riss die Augen auf und dachte nur: „Ach du Scheiße."

Die Tribüne war voll bis zum letzten Platz. Oberstufe, Mittelstufe und Unterstufe, die Lehrer standen an der Seite. Es war wie in einem

Stadion. Ich hatte fast Tränen in den Augen. Ich dachte nur, wenn die Strebs jetzt gewinnen, dann wird diese Schule in Respekt umbenannt. Mein Plan mit Plakaten und Flyern ging auf. Die Fahnen waren gerecht aufgeteilt. Es war eine riesige und coole Gemeinschaft.

Jetzt wurde ich sehr nervös, denn ich musste ja die Ansagen machen. Wenn ich jetzt verkacken würde, hätte ich ein Problem. Es waren nur noch wenige Minuten, bis wir loslegen mussten. Die Stimmung auf der Tribüne war wie in einem Stadion. Die Schüler sangen Lieder und lachten.

Dann kam unser Moment. Der DJ dimmte das Licht in der Halle. Ein Raunen ging durch den Raum, gefolgt von neugierigem Jubel. Der DJ drückte den Startknopf vom CD-Player. USB und all den Technikkram von heute gab es ja noch nicht. Die Musik dröhnte durch die Anlage. Es war eine vom DJ zusammengemischte Version von Hollywoodmusik. Sie erzeugte echte Gänsehaut. Ich drückte den On-Knopf an meinem

Mikro. Es war das erste Mal in meinem Leben, dass ich ein Mikro in der Hand hielt. Meine Hand zitterte. Ich nahm meinen Text und begann zu sprechen.

Mit tiefer Stimme, ähnlich wie bei der Ansage beim Boxen. Da der DJ noch zusätzlich Hall auf meine Stimme gelegt hatte, klang meine Stimme noch viel cooler: „Ladies and Gentlemen, welcome to the Game of the Year."

Scheinbar hatte es den Zuschauern gefallen, denn sie jubelten nach meinem ersten Satz, als wäre gerade Micheal Jackson auf die Bühne gekommen. Das motivierte mich umso mehr. Meine Aufregung und mein Zittern waren mit einem Schlag weg. Also redete ich weiter: „Now it's time to welcome the Teams of the Game."

Während meiner Ansage steigerte sich auch die Musik. Es passte unglaublich gut zusammen. Die Fahnen wurden hin und her geschwenkt und es wurde geschrien und geklatscht. Eine Wahnsinnsstimmung. Dann rief ich die Eagles auf. Die einzelnen Namen zu nennen, habe ich gelassen. Das hätte zu lange gedauert.

Als sie in die Halle liefen, startete unter der Tribüne die Nebelmaschine und die Jungs an den Spots rechts und links schwenkten die Lampen hin und her. Das war ein toller Effekt. Alles sah aus wie eine große Show bei den amerikanischen Basketballern. Mit kleinen Dingen haben wir hier was Fettes geschaffen. Ich war echt froh, dass wir erfüllt haben, was auf den Flyern stand. Die bunten Lichter flackerten im Beat der Musik.

Alle Spieler der Eagles standen jetzt mit Blick aufs Publikum auf der linken Seite aus Zuschauersicht auf dem Feld. Der Jubel war groß. Und jetzt war es so weit, ich rief meine Jungs auf. Der Song „Eye of the Tiger" füllte die Halle. Ich bekam Gänsehaut und nahm abermals das Mikro und sagte mit tiefer Stimme: „Uuuund hier, Ladies and Gentlemen, dieee Beeeeaaaaaars." Das Wort Bears konnte man super langziehen.

Dann öffnete sich die Tür und meine Jungs liefen ein. Vorne an Jörg. Ich war so stolz auf ihn. Er hat seine erste Hürde genommen und seine Angst besiegt. Hut ab, dachte ich. Unerwartet war der Jubel, der dann kam. Entweder hat das Publikum gespürt, dass diese Jungs eigentlich die Strebs sind, oder sie wussten es. Sie rasteten förmlich aus. Sie standen auf und klatschten im Beat der Musik. Die Nebelmaschine ließ viel Nebel raus und die Bude bebte. Es war der absolute Hammer.

Die Bears liefen hinter den Eagles vorbei auf ihre Stelle im Feld. Aus Zuschauersicht auf die rechte Seite neben dem Mittelkreis. Nun fehlte nur noch einer. Der Schiri. Die Sportlehrer hatten einen alten Studienkollegen gebeten, den Schiedsrichter zu machen. Sie haben früher zusammen studiert, und der Mann war Schiedsrichter der echten Basketball-Bundesliga. Wir waren auf ganz hohem Niveau. Das war auch gut so, denn so konnte es nur fair ablaufen.

Die Spieler begrüßten sich und klatschten sich ab. Schon da vielen die ersten Blicke der Coolen auf. Wie Kuro und Steini hätten sie ihre Gegner am liebsten aufgefressen und dann wieder ausgespuckt. Die Strebs, also die Bears, waren konzentriert. Die Jungs hatten ja Köpfchen und wollten natürlich gewinnen. Wer möchte schon zwei Jahre Hausaufgaben für andere machen. Der Schiedsrichter stellte sich in den Kreis der Spieler und erklärte die Spielregeln. Er nahm es sehr ernst, was ich toll fand.

Beim Basketball gibt es normalerweise zwei Punkte für einen Korb und für den Dreierwurf natürlich drei Punkte. Hier wurde sich vorher darauf geeinigt, dass jeder Korb einen Punkt zählt und auch nur zweimal 15 Minuten gespielt wurde. Einfach aus Rücksicht gegenüber der Kondition und der Zeit der Zuschauer.

Dann positionierten sich die Spieler für den Anpfiff. Die Ersatzspieler nahmen auf der Bank Platz, neben ihren Trainern. Ich konnte nun auch in Ruhe zuschauen, denn mein Part war erledigt. In Ruhe ist wohl untertrieben, da ich aufgeregt war wie ein Huhn, das sein erstes Ei legt.

Schließlich kam der erlösende Moment, auf den wir vier Wochen lang hingearbeitet hatten. Der Anpfiff. Die Coolen waren sehr aufgeregt und zuckten eher über den Platz, als dass sie liefen.

Den Ball bekamen die Bears, und sie bauten ihren ersten Angriff auf. Doch sie verloren den Ball ziemlich schnell an die Coolen, also an die Eagles.

Die nutzten ihre Chance und machten ihren ersten Punkt. Die Bears lagen mit der Zeit 10:6 hinten. Die Coolen wurden immer cooler. Die Zuschauer feuerten aber aus ganzem Herzen die Bears an.

Es folgte das erste „Time out". Das ist eine kurze Pause, in der der Trainer über die Taktik mit den Spielern sprechen und sie motivieren kann. Die Zeit war schnell vorbei und die Spieler klatschten sich ab. Von der ersten Halbzeit waren noch fünf Minuten übrig. Ich war echt aufgeregt. Nur vier Punkte Jungs, dann habt ihr es geschafft. Mir fiel auf, dass Jörg sich immer mehr zurückhielt. Ich glaube, er hatte echt Angst vor den Coolen.

Der Halbzeitpfiff des Schiedsrichters ertönte schneller, als man dachte, und in der Pause stand es 11:7 für die Eagles. Die Korbdifferenz war also geblieben.

Die Pause sollte nur fünf Minuten lang sein. In der Zeit spielte der DJ für die Schüler bekannte

Hits. Damit waren sie also gut beschäftigt, denn sie sangen, was das Zeug hielt.

Ich hatte den Drang, mir Jörg zu schnappen. Eigentlich funktionierte alles, wie sie es trainiert hatten. Nur Jörg nutzte seine Größe und Schnelligkeit nicht. Ich ging zu ihm rüber, als wäre ich sein Manager: „Hey, alles gut bei dir?"

Jörg schaute mich an, und in seinen Augen konnte man sehen, dass es ihm nicht gut ging: „Na ja, geht so, die sind echt stark."

Ich schaute ihm in die Augen: „Jörg, du bist stärker."

Er schüttelte seinen Kopf: „Nein, das stimmt nicht."

Ich kam jetzt ganz nah an ihn ran und sprach in sein Ohr: „Jörg, du bist der Schnellste und hast Korbleger für Korbleger geübt. Du kannst das, Alter."

Der Schiedsrichter rief zur zweiten Hälfte. Alle stellten sich auf und der Pfiff hallte übers Feld bis zu den Zuschauern, die grölten und johlten. Der Stand war 11:7 für die Eagles.

Die Bears bekamen den Ball und stürmten nach vorne. Doch einer der Eagles schnappte sich beim Dribbeln den Ball von den Bears und lief mit einem Mitspieler zum Korb und warf ihn souverän hinein. Jetzt stand es 12:7. Es musste was passieren. Das merkten auch unser Sportlehrer Berke und das Publikum. Berke forderte ein weiteres „Time out". Er sprach auf die Jungs ein wie ein richtiger Trainer. Ihn hat jetzt wohl der Ehrgeiz gepackt. Ich sah von weiter weg, dass er auf Jörg einsprach. Er ballte beide Fäuste beim Sprechen, um seinen Willen und seine Absicht zu bestärken.

Nach ein paar Sekunden ging es weiter. Die Bears hatten den Ball, denn die Eagles hatten ja den letzten Korb gemacht. Die Bears dribbelten nach vorne. Plötzlich lief einer aus ihren Reihen wie ein Gepard auf der Jagd nach vorne unter den Korb der Eagles. Er bekam einen Pass und legte den Ball mit einem Korbleger sanft in den Korb. Das war der Hammer: ein Pass, ein Wurf und Punkt. Es war Jörg.

Ich weiß nicht, was Berke zu ihm gesagt hatte, aber Jörg war wach. 12:8 stand es jetzt. Die Eagles hatten den Ball und liefen auf die Bears zu. Einer der Bears, so wie sie es geübt hatten, sprang in den Pass und schnappte sich den Ball. Das war der Startschuss für Jörg. Die Zündung bei ihm ging an, und wie eine Rakete lief er nach vorne. Er bekam genau im richtigen Moment den Pass, als er unter dem Korb stand. Er sprang hoch und legte abermals den Ball in den Korb der Eagles.

Im Publikum brach die Hölle los. Jörg war voll

da und die Bears voll motiviert. Sie spürten jetzt ganz deutlich, dass sie es schaffen konnten. 12:9. Nur noch drei Körbe bis zum Ausgleich. Jörg und seine Mannschaft brachten diesen Spielzug noch viermal und gingen in Führung. Jetzt stand es 12:13 für die Bears und noch drei Minuten bis zum Schluss. Ich hatte Gänsehaut. Ich brüllte mit dem Publikum. Ich war voll dabei. Ich wollte, dass sie gewinnen.

Die Eagles hatten den Ball und dribbelten nicht mehr ganz so motiviert auf den Korb der Bears zu. Sie passten immer wieder hin und her. Durch eine kurze Unaufmerksamkeit bei denen konnte Jörg dazwischen grätschen und schnappte sich den Ball. Er dribbelte los und wie eine Gazelle wich er seinen Gegnern aus. Keiner konnte ihm folgen, so schnell war er. Das Publikum stand auf vor Aufregung.

Ja, das war Jörgs Moment. Er sprang ab und legte wie ein Profi den Ball in den Korb. Es war der Wahnsinn. Dieser Kerl hatte eben noch im

Klo vor Angst gekotzt und jetzt macht er alleine eine ganze Mannschaft platt.

Als er erhobenen Hauptes zu seinen Teamkollegen zurücklief, musste er an den Coolen vorbei. Die sagten gar nichts und senkten nur ihre Köpfe. Ich glaube, Jörg ist das erste Mal ohne Angst und mit breiter Brust an den Coolen vorbeigelaufen. Mann, konnte ich da mitfühlen. Geiler ging's nicht.

Das Spiel endete mit 12:15 für die Bears. Es brach ein Jubel aus wie beim Mauerfall. Es war unbeschreiblich. Die Schüler liefen aufs Feld und feierten Jörg wie einen Star. Wie in einem Highschoolfilm.

Aber das Beste kam noch, denn einer der Coolen kam auf Jörg zu und sagte: „Alter, Respekt, das war groß. Das war echt groß." Das war der Ritterschlag für Jörg und seine Jungs. So wie damals, als Kuro mir den Ball zurückgegeben hat. Das war Respekt.

Seit diesem Tag war Jörg ein anderer Mensch. Keiner der Coolen hat ihn jemals wieder schräg behandelt. Nicht weil das der Deal war, nein, weil sie wirklich respektierten, was Jörg geleistet hatte. Ich fühlte mich so gut an diesem Tag, denn ich wurde ein zweites Mal darin bestärkt, dass es richtig ist, zu kämpfen und durch positive Handlung und Leistung zu Respekt zu kommen. Man muss nur seine Stärken erkennen, und man hat freie Bahn, sich Respekt zu verdienen. Großartig.

Kapitel 9
Voldemorts Bruder

Jörg wirkte wie verzaubert seit diesem Tag. Er hatte echt großes Ansehen bei den Coolen. In Zukunft wurde richtig gekämpft bei der Mannschaftswahl. Jeder wollte Jörg haben. Auch die Klassengemeinschaft machte Fortschritte. Die Strebs wurden sogar zu einer Party der Coolen eingeladen. Es war echt toll, was dieses Match bewirkte. Nicht nur bei den Spielern, sondern irgendwie in der ganzen Schule. Es herrschte eine gute Laune bei allen.

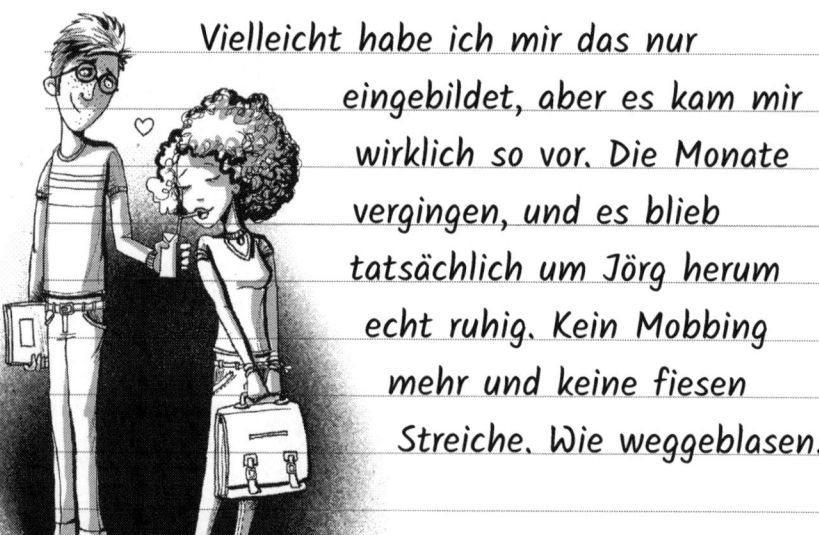

Vielleicht habe ich mir das nur eingebildet, aber es kam mir wirklich so vor. Die Monate vergingen, und es blieb tatsächlich um Jörg herum echt ruhig. Kein Mobbing mehr und keine fiesen Streiche. Wie weggeblasen.

Es kam die Zeit, als wir Jungs anfingen, uns für die Mädels zu interessieren und natürlich umgekehrt. Ich lernte meine erste Freundin kennen. Sie war echt toll und wir unternahmen viele Sachen zusammen. Wir gingen ins Kino oder hingen zusammen ab und lachten viel.

Eines Tages sollte ich ihre Eltern kennenlernen. Ich war ziemlich aufgeregt, aber ich war ja gut erzogen, also konnte nichts schiefgehen. Ich nahm meinen Mut zusammen und stellte mich ihren Eltern vor. Die Mutter war eine sehr nette und hübsche Frau. Sie lachte viel und gerne. Da hatte ich Glück.

Aber der Vater war nicht so einfach. Er kam erst nach mir an, denn er kam später von seiner Arbeit zurück. Er war Lehrer und nicht gerade der große Sympath. Er kam zur Tür rein, und es erfolgte der erste Befehl. Man solle doch die Heizung runterdrehen und die Fenster schließen. Danach erst grüßte er seine Familie. Mich bemerkte er erst gar nicht und ging erstmal seine Hände waschen.

Kurz darauf betrat er die Küche, wo ich mit der Mutter und meiner Freundin saß. Wir tranken etwas. Er setzte sich dazu und begrüßte mich. Ich grüßte freundlich zurück und reichte ihm meine rechte, die kaputte Hand, die jetzt mit allen Operationen durch war, aber natürlich nicht so aussah wie eine normale Hand und sich vor allem auch nicht so anfühlte.

Er reichte mir auch die Hand, und nach dem Handshake blickte er auf meine Pranke. Er schaute sie sich ganz genau an und fragte, was passiert sei.

Ich erzählte ihm die Geschichte mit der Achterbahn, und er staunte nicht schlecht. Nach einer kurzen Pause antwortete er: „Na ja, als Krüppel hat man es wohl nicht leicht, was?"

Ich musste kurz die Luft anhalten und habe mich innerlich geschüttelt. Hat er das gerade wirklich gesagt?

Diese Worte tätowierten sich blitzschnell in meine Hirnwindungen. Jedes Wort war Schmerz. Einfach nur brutaler Schmerz. Mein Magen wurde warm, und mich durchfuhr ein ganz unwohles Gefühl. Ich dachte, ich übergebe mich jetzt hier direkt auf den Tisch. Wie konnte ein Lehrer, also ein Pädagoge, sowas sagen? Hatte dieser Mann gerade in diesem Augenblick einen Schlaganfall bekommen und wusste nicht, was er sagt? Oder war er einfach nur ein Idiot?

Ich weiß es bis heute nicht. Ich weiß nur, wenn ich an diese Situation zurückdenke, entsteht bei mir Wut und Trauer. Es löst in mir ein ganz schlimmes Gefühl aus. War er vielleicht mit dem Voldemort-Lehrer von meiner Schule verwandt, der mich immer und immer wieder mobbte? Ich glaube im Nachhinein, er muss sein Bruder gewesen sein.

Meine Reaktion auf seine Sätze war mehr ein Reflex. Ich stand auf, nahm meine Jacke und verließ meine Freundin, ihren Vater, die Mutter und diese Wohnung und rannte raus auf die Straße und rannte und rannte.

Ich bekam wirklich einen Heulkrampf. Ich war sauer. Ich war so wütend, dass ich nach Luft rang. Wie der Mann, der kurz davor war, sich in Hulk zu verwandeln. Wieso hatte er mir das gesagt? Mir, der sich für andere einsetzt, damit es ihnen besser geht. Mann, ging es mir schlecht.

Bis heute kann ich diesen Satz nicht vergessen und weiß, wie es sich anfühlt, wenn man gedemütigt wird. Es war nicht in Worte zu fassen, wie ich mich fühlte. Ich habe es dummerweise in mich reingefressen und es keinem erzählt. Das war nicht gut. Ich habe es lange Zeit mit mir herumgetragen. Alles von früher kam hoch, und es ging mir nicht gut. Mein Selbstbewusstsein hatte echt was abbekommen. Obwohl ich ja stark war und meine Eltern mir sehr viel Liebe gaben, hat mich das sehr verunsichert. Im Nachhinein wäre es besser gewesen, mit jemandem darüber zu reden.

Schluss und Anfang
Mit Herz leben

In der 12. Klasse hatte ich das Pech, dass ich Voldemort als Lehrer für zwei Fächer bekam. Es war wirklich schlimm, denn er hörte nicht auf. Ende der 12. Klasse zog ich die Reißleine und wechselte die Schule. Meine Noten waren dank diesem Lehrer unterirdisch.

Ich kam auf ein Gymnasium und machte mein Abitur. Ich wiederholte die 12. Klasse und war dann noch älter als meine Mitschüler. Ich kam mir vor wie ein Gast auf dieser Schule. Ich hatte überhaupt keinen Kontakt zu den anderen aufbauen können. Man kannte sich halt, aber mehr nicht.

In Gesprächen wurde gefragt, was man denn nach seinem Abitur machen wolle. Während meiner Zeit auf dieser Schule fing ich an, bei dem TV-Sender WDR als Kabelhilfe zu arbeiten. Dort habe ich mich entschieden, zum Fernsehen zu gehen.

In der Schule wurde ich müde belächelt, als ich sagte, ich möchte vor die Kamera. Das hat mir dann wieder so einen Ansporn gegeben, dass ich Vollgas gegeben habe. Wieder hatte mein Kampf für Respekt gezündet. Da war es wieder, was ich aus dem Internat und vom Basketballmatch mitgenommen habe. Kämpfe, damit du Respekt bekommst.

Nach dem Abitur machte ich verschiedene Praktika bei Sendern: RTL, ProSieben, Sat.1 und die Deutsche Welle. Bei ProSieben wurde mir nahegelegt, dass ich eine Schauspielschule machen sollte, da ich gut sprechen könne und lustig wäre. Also entschied ich mich dazu.

Schon in der Schauspielschule bekam ich die eher lustigen Rollen. Nach der Schule hatte ich mein erstes Casting. Es war für ein Jungendmagazin, was täglich ausgestrahlt wurde. Ich hatte richtig Angst vor diesem Casting. Was, wenn die meine Hand sehen? Was, wenn sie wegen der Hand Nein sagen. Was, wenn die mich wegen meiner Hand auslachen? Der Satz mit dem Krüppel von dem Vater meiner damaligen Freundin bewirkte immer noch große Zweifel in mir, obwohl das zu diesem Zeitpunkt schon Jahre her war.

Ein Tag später bekam ich den Anruf und wurde genommen. Dass meine Hand total vernarbt ist und meine Finger etwas komisch stehen, interessierte sie gar nicht. Das war für mich total neu und ich freute mich wie Bolle. Ich hatte es geschafft mit meiner kaputten Hand.

Ich verlor die Angst und vergaß selbst, dass meine Hand kaputt war. Ich moderierte die Sendung „Cult" bei Kabel 1 im Wechsel mit

Sonja Zietlow. Das war die Bestätigung für mich, dass ich richtig liege. Ich fand es toll, anderen eine schöne Zeit zu bereiten. Das machten wir ein Jahr lang täglich.

Danach bekam ich das Angebot für eine Abendshow, und ich wurde der „Lovehunter" für die Kuppelshow „Jung, ledig, sucht ..." Ich war Außenreporter und verkuppelte Paare, die sich mal kurz gesehen und dann aus den Augen verloren hatten. Ich brachte sie wieder zusammen.

Bis heute habe ich Kontakt zu einem der Kandidaten. Er heißt Jürgen Schwarz und ist mittlerweile ein Unternehmer. Er lädt mich immer noch zu seinen Veranstaltungen ein. Danach kam RTL

Samstag Nacht. Ich gehörte zum neuen Ensemble.

Ich stieg immer weiter auf, doch irgendwie war es das noch nicht für mich. Ich war nicht zufrieden. Ich hatte immer diese Erfahrungen im Hinterkopf, die ich durch Mobbing gemacht hatte, und den Drang in mir, etwas zu bewirken. Ich wollte eigentlich Werte vermitteln und dafür sorgen, dass es Menschen gutgeht, und sie vor diesen negativen Erfahrungen bewahren. Es müsste doch eine Möglichkeit geben, mit Spaß, Show und Musik, was ich ja machte, Inhalte zu vermitteln, damit es Spaß macht, sie zu lernen oder anzunehmen.

Und dann meldete sich der KiKa. Ich sollte eine eigene Sendung bekommen: „Toms Test". Diese kurze Sendung wurde zur ersten und erfolgreichsten Comedyshow für Kids. Ich testete verschiedene Sachen auf lustige Art und Weise, wie es vorher noch keiner gemacht hat. Es schlug ein wie eine Bombe.

Es war eine tolle kurze Sendung, aber immer noch nicht das, was ich eigentlich wollte. Kurz darauf klingelte mein Telefon und das ZDF war dran. Ich wurde gefragt, ob ich mir vorstellen könnte, die bösen Aufgaben von Arktos zu meistern. Da ich Tabaluga und seine Gefährten nicht kannte, sagte ich neugierig zu einem Gespräch beim ZDF zu. Bisher war meine TV-Laufbahn von Quatsch und Comedy bestimmt. Es war nichts Nachhaltiges und nichts, worauf ich jetzt stolz wäre. Man ist jung und braucht das Geld, und schließlich war meine Tochter zur Welt gekommen und sie musste ja auch was essen.

Also fuhr ich zum ZDF, weil ich auch hier dachte: Sei froh, dass du eine Aussicht auf einen Job hast. Als ich erfuhr, worum es ging, bin ich aus allen Wolken gefallen. Ich sollte die Außenmoderation für die Sendung „Tabaluga tivi" übernehmen – DIE Kidsshow beim ZDF neben „1, 2 oder 3" und „Löwenzahn". Als mir erklärt wurde, worum es in der Show geht, war ich Feuer und

Flamme. Das Motto der Show war: Glück verschenken!

Genau das, was ich immer wollte. Genau das, was ich mit dem Basketballmatch bewirken wollte. Ich wollte nichts anderes, als Jörg und seinen Jungs Glück schenken, damit es ihnen besser geht. Dass sowas funktioniert, wusste ich ja bereits und sagte sofort zu.

So begann meine eigentliche Karriere. Ich war Außenreporter, dann Moderator und ich bekam meine Sitcom „Das tierisch tolle Haus" bei „Tabaluga tivi". Der erste Plattenvertrag von Universal flatterte ins Haus, da ich parallel zu meiner TV-Karriere immer schon Musik gemacht habe.

Der Plattenvertrag war für mich das Größte. Ich durfte eigene Texte schreiben, und bis heute entstanden über 13 Musikalben. Dann folgte „Tanzalarm" und „Mensch Markus". Ich bekam Goldene Schallplatten für sehr viele verkaufte CDs und deutsche Comedypreise. Das war natürlich Anerkennung pur, aber mir fehlte immer noch was. Mir fehlte, dass ich meine eigenen Sachen machen wollte. Ich hatte ja meine eigene Marke am Start. Die Brille mit den Haaren hoch. Ich fand es toll, das Publikum zum Lachen zu bringen, aber in mir steckte auch noch das andere.

Ich schrieb das Buch „Land der Träume" – das war es! Es vermittelt Werte wie Freundschaft, Liebe und Respekt. Mit dem Buch konnte man

Tom auch anders kennenlernen. Das war der Weg, den ich immer gehen wollte. Ich wollte mit meinem Können im Entertainmentbereich etwas Nachhaltiges schaffen, was auch zum Nachdenken anregt und etwas bei den Menschen bewirkt.

Nach dem Buch „Land der Träume", dem Musical und dem Hörspiel, sollte ich ein weiteres Album für Universal aufnehmen. In dieser Zeit habe ich mit Entsetzen feststellen müssen, dass einer meiner Söhne in der Schule gemobbt wurde. Meine ganze Vergangenheit lag wieder vor mir. Es war schlimm für ihn und für mich fast noch viel schlimmer.

So entschied ich mich, den Song „DU DOOF?!" zu machen, einen Song gegen Mobbing. Aus diesem Song wurde dann die Initiative „DU DOOF?!" – Laut für starke Kinder. Ich habe all meine Kraft in dieses Projekt gesteckt und es mehr als ein Jahr lang 12 Stunden täglich vorbereitet, weil ich immer mehr merkte, wie wichtig dieses Thema ist, und ich endlich gefunden hatte, was ich wollte. Und noch viel wichtiger war für mich, gegen diese Tatsache zu kämpfen, denn ich wusste genau, was Mobbing mit einem macht.

Nach einem Jahr wurde aus der Initiative die Stiftung „Mobbing stoppen! Kinder stärken!". Ich bin mir sicher, dass diese Stiftung sehr laut werden und dass sie vielen helfen wird.

Dass ich das alles heute mache, habe ich nur einer Tatsache zu verdanken. Der Liebe und Anerkennung meiner Eltern, meiner Familie, die mir bis heute eine unglaubliche Kraft geben. Meine Eltern haben mich immer bestärkt in dem, was ich tat. Nie kam ein Zweifel auf, ob meine Entscheidung, zum Fernsehen zu gehen oder Musik zu machen, richtig war. Meine Eltern standen voll hinter mir. Sie waren sehr tolerant und herzlich. Aus diesem Grund war es für mich furchtbar, dass es Menschen gab und gibt, die andere beneiden oder mobben oder schaden wollen. Das war mir, bis ich in die Schule kam, fremd.

In der Grundschule, auf dem Gymnasium oder im Internat traf ich immer wieder auf solche Menschen und lernte, warum sie so sind. Denn sie hatten nicht, was ich zu Hause hatte oder von meinen echten Freunden bekam: Liebe und Anerkennung. Sie haben danach gebettelt, aber sie haben es nicht bekommen, und so wurden sie unzufrieden und ließen es an denen aus, die es hatten oder schwächer waren.

Es gibt natürlich Menschen, die sich zurückziehen, wenn sie gemobbt oder regelrecht gequält werden, aber es gibt auch Menschen, die es verstanden haben, sich positiv dagegenzustellen und sich durch harte Arbeit Respekt zu verschaffen.

Es ist unglaublich schlimm, wenn man gemobbt wird. Es kann sogar krank machen und das ganze Leben prägen. Umso wichtiger ist es, laut zu werden. Mit anderen Worten: sich Hilfe suchen, um sich oder andere zu schützen. Kein Mensch auf dieser Welt hat so einen Umgang verdient. Wirklich keiner.

Jeder von uns trägt Verantwortung, deshalb ist es auch sehr wichtig, dass wir anderen helfen und nicht wegschauen, denn dann sind wir nicht besser als die, die mobben. Ich glaube, dass die Mobber die eigentlichen Opfer sind. Sie machen es nur, weil es ihnen schlecht geht und sie nicht die Anerkennung bekommen, die sie verdienen. Anerkennung ist sehr wichtig.

Was ist daran so schwer, einem zu sagen: „Hey, ich find dich cool. So wie du das machst. Echt geil, Alter." Wenn das öfter passieren würde, wäre das schon mal ein Schritt in die richtige Richtung.

Jeder Mensch hat seine Stärken und Schwächen. Wenn man ein bisschen aufmerksam ist, erkennt man die Stärken bei seinem Kumpel, Nachbarn,

Bruder oder der Schwester, sogar bei Mutter und Vater. Wenn wir ihre Stärken fördern, anerkennen und loben, dann machen wir sie glücklich und geben ihnen Selbstvertrauen.

Jeder ist richtig, wie er ist. Die Klamotten, das Geld oder das neue Smartphone sind völlig unwichtig. Sie sind nur die Hülle. Was will ich mit einem super aussehenden Auto, wenn der Motor nicht läuft. Wichtig ist, was in einem steckt. Das Herz ist wichtig.

Jeder möchte geliebt werden. Jeder möchte anerkannt werden. Es liegt nur an uns, dass wir uns ein Herz nehmen und offener werden und begreifen, was das Wichtigste auf dieser Welt ist. Die Liebe und Wärme, nach denen sich jeder, wirklich jeder sehnt und verdient hat.

Ich habe es verstanden, mein Leben richtet sich danach, und es ist wunderbar. Um mich herum sind dadurch nur glückliche Menschen. Es funktioniert und macht mich glücklich. Damit schließt sich der Kreis. Ich wünsche dir, der du gerade das Buch liest, alles Liebe dieser Welt. Wenn du ein Problem hast und du Opfer von Mobbing bist oder Hilfe brauchst, sind ich und meine Stiftung „Mobbing Stoppen! Kinder stärken!" für dich da.

www.du-doof.org

Denk immer daran:
DU BIST RICHTIG!!!

Umarmung Tom

Erste Tipps zum Umgang mit und zur Vorbeugung von Mobbing:
Von Anti-Mobbing-Experten empfohlen

Was ist Mobbing? Wenn andere Kinder immer wieder und über einen längeren Zeitraum doof, gemein und manchmal sogar gewalttätig zu dir sind, nennt man das Mobbing. Meist gibt es einen Anführer und mehrere, die mitmachen. Manchmal ist sogar die ganze Klasse beteiligt oder schaut zu, statt zu helfen.

Mobbing-Aktionen können sein:

- blöde Sprüche über dich machen
- dich bei Gruppenarbeiten und Spielen immer ausgrenzen
- tuscheln oder plötzlich schweigen, wenn du vorbeiläufst
- bedrohen, bedrängen, schubsen, beleidigen
- Federmäppchen, Schulranzen etc. durch die Gegend werfen oder verstecken
- Unwahrheiten über dich erzählen

- tuscheln, kichern, lachen, wenn du aufzeigst
- deinen Freunden drohen, wenn sie sich weiter mit dir abgeben
- und alles andere, was dich verletzt, bloßstellt und ausgrenzt

Solche Erfahrungen tun weh, und es ist wichtig, dass das so schnell wie möglich gestoppt wird. Auch wenn du denkst, dass du es einfach an dir abprallen lassen kannst oder dass es irgendwann aufhört, wird es meistens immer schlimmer. Außerdem hinterlässt Mobbing Wunden, die du auch als Erwachsener noch spürst, so wie Tom den Spruch des Vaters seiner ersten Freundin.

Was ist wichtig zu wissen bei Mobbing?

1. Du bist richtig! Mobbing ist falsch!

Das Allerwichtigste ist, dass es keinen Grund und keine Entschuldigung für Mobbing gibt! Lass dich nicht einschüchtern oder verunsichern oder denke sogar, dass irgendetwas an dir falsch sein muss, wenn die anderen Kinder dich so behandeln. Auch wenn mehrere dabei mitmachen, vergiss bitte nie: Du bist richtig, wie du bist! Selbst, wenn du merkst, dass du anders als die anderen bist, ist das völlig in Ordnung. Durch Menschen, die anders sind, wird unsere Welt bunter.

2. Such dir Verbündete

Gibt es Kinder in deiner Klasse oder Schule, die dir helfen würden? Sprich sie an und erzähle, was dir passiert. Bitte sie, dich zu unterstützen. Vielleicht ist es ihnen noch gar nicht aufgefallen, und sie können als Gemeinschaft helfen, die Mobbing-Aktionen gegen dich zu stoppen. Wenn allerdings alle aus deiner Klasse beim Mobbing mitmachen oder selbst Angst vor den Mobbern haben, suche dir andere Hilfe.

3. Erzähle es Erwachsenen

Sprich mit deinen Eltern und erzähle ihnen, was in der Schule abgeht! Es gehört zu ihren Aufgaben, dich zu unterstützen. Wenn sie dir sagen, du sollst das nicht so ernst nehmen oder einfach weghören, wenn Sprüche kommen, höre auf dein Bauchgefühl, dass das, was dir passiert, nicht in Ordnung ist und sprich andere Erwachsene an, denen du vertraust, z. B. deine Lehrer. Wenn du niemanden findest, wähle die Nummer gegen Kummer (Tel. 116 111). Da findest du auf jeden Fall ein offenes Ohr und Hilfe.

4. Führe ein Mobbing-Tagebuch

Schreibe auf, was dir passiert und wann das war. Wer war beteiligt? Damit kannst du besser beweisen, dass dir Unrecht geschieht. Die Erwachsenen sehen dadurch auch direkt, dass es sich um Mobbing handelt, und nehmen es ernst.

5. Setze Grenzen und sage „Stopp!"

Dein Mäppchen fliegt dauernd durch die Gegend? Die anderen Kinder machen blöde Sprüche auf deine Kosten? Nach Sport liegen deine Klamotten verstreut in der Kabine? Sag „Stopp!" und mache eine klare Ansage, dass sie aufhören sollen. Sage das kurz und ohne „bitte". Je mehr du dich erklärst, desto unsicherer wirkst du.

6. Sprich laut, ohne zu schreien

Am coolsten wirkst du, wenn du in ganz normaler Lautstärke sprichst, dabei aber sehr bestimmt bist. Schreien zeigt eher deine Unsicherheit. Das ist genau das, was der Mobber will.

7. Halte Blickkontakt!

Du wirst ernster genommen, wenn du dem Mobber in die Augen schaust. Wenn du auf den Boden blickst, merkt er, dass du unsicher bist.

8. Verwirre den Mobber

Wenn du mutig und schlagfertig bist, probiere, den Mobber zu verwirren. Geh auf das ein, was er sagt, und drehe den Spieß um. Dadurch bleibt ihr auf Augenhöhe, und er verliert den Spaß. Wenn er z. B. sagt: „Du stinkst", antworte: „Danke für die Info. Du duftest wie ein Rosenstrauß." Auf „Deine Klamotten sind hässlich", könntest du antworten „Danke für dein Modeurteil. Du siehst wie immer aus wie ein Topmodel. Ich habe heute trotzdem kein Foto für dich."

9. Nimm ernst, wenn du dich unwohl fühlst oder Angst hast

Versuche nicht, die Demütigungen oder die Gewalt zu ignorieren und darauf zu hoffen, dass es irgendwann vorbei ist. Mobber verspüren Macht, wenn sie andere Kinder klein machen. Übernimm Verantwortung für dich selbst und nimm dich wichtig. Wäge gut ab, ob es sinnvoll ist, dem Mobber entgegenzutreten. Gehe kein Risiko ein, wenn er stärker ist oder wenn es mehrere Kinder sind.

10. Sei wie ein Bambus!

Der Bambus kann zwar runtergedrückt werden, aber er steht aus eigener Kraft wieder auf. Sag dir immer wieder, dass du richtig bist, wie du bist. Stell dir vor, du seist ein Bambus. Wenn der Mobber dich klein machen willst, stehst du innerlich wieder auf. Nutze dieses Bild, wenn du wieder in eine solche Situation kommst. Male dir zur Erinnerung einen Bambus oder ein B in die Hand.

Wenn du das Gefühl hast, dass du das alleine nicht hinbekommst (z. B. die Punkte 5–10), bitte deine Eltern nach einem Kinder- und Jugendcoach oder einem Therapeuten zu schauen. Die Verletzungen von Mobbing haben direkte Auswirkungen, die sich oft dadurch zeigen, dass du Bauchschmerzen oder Kopfschmerzen hast. Manche Kinder entwickeln eine Angst vor der Schule. Die Auswirkungen sind oft auch noch zu spüren, wenn das Mobbing an sich beendet ist. Manche Kinder haben später kein gutes Selbstwertgefühl oder vertrauen anderen Menschen nicht mehr. Das ist schade, vor allem, weil es Möglichkeiten gibt, um die blöden Erinnerungen wieder loswerden. Bei einem Coach geht das oft sogar recht schnell.

Was kannst du als Kind tun, wenn du miterlebst, dass ein anderes Kind gemobbt wird?

1. Auf dein Bauchgefühl hören

Viele Kinder spüren sehr wohl, dass das nicht in Ordnung ist, was passiert. Aus Angst lassen sie es aber geschehen und sind einfach froh, dass die Mobbing-Aktionen sie nicht trifft. Höre auf dein Bauchgefühl, dass Mobbing nicht okay ist. Manchmal sagen Eltern, dass man sich besser nicht einmischen soll, aber das ist falsch!

2. Verantwortung übernehmen

Keiner hat es verdient, gemobbt zu werden. Suche keine Erklärungen und Entschuldigungen, sondern hilf dem Kind, das gemobbt wird. Wenn du das nicht tust, bist du genauso verantwortlich wie die Kinder, die aktiv mobben. Mobber verspüren Macht, wenn sie andere klein machen. Hilf, dass das unterbrochen wird.

3. Den Mobbern selbstbewusst entgegentreten

Biete den Mobbern die Stirn und sage „Stopp!", wenn sie mit ihren Aktionen ein Kind verletzen. Stell dich auf die Seite des betroffenen Kindes und lass es nicht allein.

4. Hilfe suchen

Wenn du Angst hast, dass die Mobber dich dann als Ziel nehmen, suche dir Hilfe bei Mitschülern, die das Mobbing auch doof finden. Wenn du niemanden findest oder eure

Helfergruppe nicht reicht, sprecht Erwachsene an. Deine Eltern und Lehrer müssen hinhören und das Mobbing stoppen. Wenn sie es nicht ernst nehmen, rufe die Nummer gegen Kummer (Tel. 116 111) an. Dort wird dir sicher geholfen.

5. Den eigenen Umgang miteinander bestimmen

Mach dir bewusst, dass ihr als Klasse es seid, die zuständig sind, den Umgang miteinander festzulegen. Gib das Thema in den Klassenrat, wenn ihr einen habt. Bitte ansonsten deine Klassenleitung, dies zum Thema zu machen. Auch damit übernimmst du Verantwortung und bestimmst, in welcher Welt du leben möchtest.

Was können Eltern tun?

- Schenken Sie Ihrem Kind Glauben und nehmen Sie die Situation ernst!
- Seien Sie der Stabilisator. Natürlich macht es betroffen und ohnmächtig, wenn dem eigenen Kind Mobbing widerfährt. Zeigen Sie Ihrem Kind gegenüber aber, dass Sie stark an seiner Seite sind. Wenn es merkt, dass Sie die Situation zu sehr mitnimmt, wird es aufhören, Ihnen davon zu erzählen.
- Wenden Sie sich an die Klassenleitung und ggfs. an die Schulleitung.
- Bestärken Sie Ihr Kind darin, dass es richtig ist, wie es ist, und dass es keinen Grund und keine Entschuldigung für Mobbing gibt.
- Suchen Sie professionelle Unterstützung durch einen Coach oder Therapeuten, damit die Erfahrungen auf eine gesunde Art und Weise verarbeitet werden.
- Schaffen Sie schöne Momente und sprechen Sie nicht die ganze Zeit über Mobbing.

Was sollten Eltern lassen?

- Sagen Sie Ihrem Kind nicht, dass es da durch muss. Niemand braucht solche Erfahrungen, um stark zu werden. Mobbing hinterlässt immer Wunden, manchmal unsichtbare.
- Versuchen Sie nicht, den Mobber zur Rede zu stellen oder mit seinen Eltern zu sprechen. Die Erfahrung zeigt, dass es danach meist schlimmer für das betroffene Kind wird, da es weiter schikaniert und zusätzlich bedroht wird, nichts mehr zu erzählen.

- Nehmen Sie Ihr Kind nicht mit zu den Lehrergesprächen. Leider wird oft in der Schule nach Erklärungen gesucht, die das Mobbing auslösen und die Schuld beim Opfer gesucht.

- Wechseln Sie nicht einfach die Schule. Das stärkt die Mobber und schwächt oft Ihr eigenes Kind. Wenn von Schulseite aus nichts passiert, ist es allerdings manchmal die einzige Möglichkeit. Evtl. nimmt Ihr Kind das Problem aber mit an die neue Schule, wodurch sich die Erfahrung verschlimmert. Auch hier kann Coaching oder Therapie unterstützend helfen, um direkt einen guten Start in der neuen Schule zu haben.

Was können Lehrkräfte tun?

- Seien Sie Stabilisator und nehmen Sie Mobbing ernst. Stoppen Sie es so schnell wie möglich, denn jede Aktion hinterlässt eine Wunde.

- Suchen Sie nicht die Schuld bei dem betroffenen Kind. Wenn es sich auffällig verhält, hat es oft vorher entsprechende Erfahrungen gemacht.

- Schaffen Sie eine Gemeinschaft. Besprechen Sie mit Ihrer Klasse, wie sie miteinander umgehen möchte und was Verantwortung füreinander heißt. In einem gut funktionierenden sozialen System findet Mobbing keinen Nährboden. Machen Sie deutlich, welchen Umgang Sie sich in der Klasse wünschen. Sie sind ein wesentlicher Teil des Systems.

- Bringen Sie die Kinder ins Erleben für den Umgang miteinander. Eine hilfreiche Unterstützung kann hier das Anti-Mobbing-Programm DU DOOF?! sein, das Sie von der

Stiftung „Mobbing stoppen! Kinder stärken!" kostenlos erhalten können.

- Treffen Sie Vereinbarungen, die die Kinder verstehen. Klassenregeln wie „Wir gehen respektvoll miteinander um" sind für Kinder oft nur Worte. Achten Sie darauf, dass diese Vereinbarungen verbindlich eingehalten werden.

- Seien Sie Vorbild und reflektieren dabei auch das eigene Verhalten. Manchmal passiert es im Stress des Alltags, dass man als Lehrkraft Kinder bloßstellt oder ausgrenzt.

- Bedenken Sie, dass es oft ein weiteres Blaming ist, wenn Sie mit der Klasse über ein bestimmtes Kind sprechen. Machen Sie deshalb Mobbing allgemein zum Thema in der Klasse.

- Suchen Sie sich Unterstützung bei der Schulleitung und im Kollegium. Schlagen Sie vor, ein Anti-Mobbing-Programm wie DU DOOF?! an der Schule fest zu etablieren, um die Kinder sensibel für Mobbing zu machen und eine gute und angstfreie Schulatmosphäre zu schaffen. DU DOOF?! ergänzt hervorragend die Sozialprogramme, die an Grundschulen meist schon installiert sind.

Für Kinder, die Mobbing erleben und Hilfe brauchen!

Wenn DU schnelle Hilfe und Beratung brauchst, melde dich hier. Du musst deinen Namen nicht nennen, wenn du nicht willst, und die Hilfe ist kostenlos vom Handy und Festnetz.

In Deutschland

… gibt es die **Nummer gegen Kummer**. Du kannst Montag bis Samstag täglich von 14 bis 20 Uhr das Kinder- und Jugendtelefon mit der **Rufummer 116 111** (ohne Vorwahl) erreichen. Dein Anruf hier ist anonym und wird vertraulich behandelt. Alles, was du hier besprichst, bleibt „geheim". Das bedeutet auch, dass dein Gespräch nicht auf der Telefonrechnung deiner Eltern erscheint. Du musst weder deinen Namen nennen, noch weitere persönliche Angaben machen. Samstags helfen Jugendliche bei „Jugendliche beraten Jugendliche". Du kannst die Nummer gegen Kummer auch Online und per Mail erreichen: **www.nummergegenkummer.de**

In Österreich

… bietet **Rat auf Draht** eine kostenlose Telefonberatung für Kinder, Jugendliche und deren Bezugspersonen, und das zu allen Themen, die Kinder und Jugendliche betreffen. Ruf die **Rufnummer 147** (ohne Vorwahl) an, dort kannst du anonym bleiben! Du musst nicht sagen, wie du heißt oder wo du wohnst. Der Anruf erscheint auch nicht auf der Telefonrechnung. Du kannst Rat auf Draht auch Online und per Mail erreichen: **www.rataufdraht.at**

In der Schweiz

... hilft **Pro Juventute** und bietet Beratung und Hilfe für Kinder, Jugendliche, junge Erwachsene, aber auch für Eltern und Bezugspersonen. Du erreichst Pro Juventute rund um die Uhr unter der **Rufnummer 147** (ohne Vorwahl) und auch per SMS an 147. Du kannst Pro Juventute auch Online und per Mail erreichen: ***www.147.ch***

Weitere Informationen und Hilfe gibt's auch hier:

www.116111.eu

Und natürlich bei ***www.du-doof.org***

Druck:
CPI Druckdienstleistungen GmbH
im Auftrag der
Zeitfracht GmbH
Ein Unternehmen der Zeitfracht - Gruppe
Ferdinand-Jühlke-Str. 7
99095 Erfurt